教育部人文社科青年基金项目（13YJC630193）

会计信息市场估值与高管激励相互关系研究

▶ 许静静 著

The Correlation between Valuation and
Incentive Role of Accounting Information

图书在版编目(CIP)数据

会计信息市场估值与高管激励相互关系研究/许静静著. —北京:北京大学出版社,2015.5
 ISBN 978-7-301-25745-6

Ⅰ.①会… Ⅱ.①许… Ⅲ.①上市公司—会计报表—会计分析—研究②上市公司—企业管理—激励—研究 Ⅳ.①F276.6

中国版本图书馆 CIP 数据核字(2015)第 084942 号

书　　　名	会计信息市场估值与高管激励相互关系研究
著作责任者	许静静　著
责 任 编 辑	杨丽明　王业龙
标 准 书 号	ISBN 978-7-301-25745-6
出 版 发 行	北京大学出版社
地　　　址	北京市海淀区成府路 205 号　100871
网　　　址	http://www.pup.cn
电 子 信 箱	sdyy_2005@126.com
新 浪 微 博	@北京大学出版社
电　　　话	邮购部 62752015　发行部 62750672　编辑部 021-62071998
印 刷 者	三河市博文印刷有限公司
经 销 者	新华书店
	965 毫米×1300 毫米　16 开本　13 印张　157 千字
	2015 年 5 月第 1 版　2015 年 5 月第 1 次印刷
定　　　价	49.00 元

未经许可,不得以任何方式复制或抄袭本书之部分或全部内容。
 版权所有,侵权必究
 举报电话: 010-62752024　电子信箱: fd@pup.pku.edu.cn
 图书如有印装质量问题,请与出版部联系,电话: 010-62756370

目 录

导论	001
第1章　资本市场会计信息作用的产生与发展	011
1　会计目标	011
2　会计信息观	014
3　会计契约观	021
4　相关概念界定	025
第2章　资本市场会计信息作用的研究进展	036
1　会计信息估值作用的研究	036
2　会计信息激励作用的研究	045
3　会计信息估值作用与激励作用的相互关系	055
4　本章小结	061
第3章　会计信息噪音对估值作用与激励作用影响的实证研究	070
1　理论推导与假设提出	070
2　实证检验	075
3　敏感性测试	081
4　本章小结	087
第4章　基于解析模型的会计信息市场估值与高管激励作用相互关系研究	090
1　模型推导：假设高管拥有私人信息且风险厌恶	090
2　假设提出	101

  3 对假设的解释 102
  4 本章小结 104

第5章 会计信息市场估值与高管激励作用相互关系的实证研究
    ——基于A股盈余信息的检验 106
  1 模型 106
  2 样本 109
  3 实证检验结果 113
  4 敏感性测试 117
  5 本章小结 140

第6章 会计信息市场估值与高管激励作用相互关系的实证研究
    ——基于A股现金流信息的检验 144
  1 引言 144
  2 理论分析与假设提出 146
  3 实证检验 148
  4 敏感性测试 156
  5 本章小结 157

第7章 与"基于准则的会计信息作用的研究"的比较 160
  1 关于我国2007新会计准则的研究 161
  2 基于准则的会计信息作用的研究与本研究的区别 167
  3 本章小结 169

附录 172

导 论

会计信息在资本市场中有着各种各样的作用,不同的人对会计信息有着不同的解读与需求。总体来说,学术界比较普遍认可,同时也有大量研究关注的有两个作用:一是会计信息的估值作用,二是会计信息的契约激励作用。估值作用就是资本市场利用企业对外公布的会计信息对企业价值进行评估,以辅助投资者决策;契约激励作用就是上市公司将高管薪酬与企业会计产出挂钩,从而利用会计信息对高管进行激励,促使其努力工作。对此,学术界已有大量研究且有着较为丰富的研究结果,之后又有学者开始关注会计信息这两大作用之间的相互关系,即会计信息估值作用与契约激励作用之间是不是互相独立的,抑或是存在某种相互关系。Paul(1992)指出了会计信息估值作用与激励作用之间的独立性,此后有更多的文章开始以 Paul 的结果为原假设研究这两个作用之间是否存在相互关系。其中,Bushman et al.(2006)与 Banker et al.(2009)的两篇实证文献利用美国资本市场数据证明了会计盈余估值作用与激励作用之间存在显著的正相关关系,但是这两篇文献未能从理论上阐述这种正相关关系存在的原因,而是通过放宽 Paul(1992)解析模型的某些前提假设或是修改模型设定提出新的能够解释正相关关系的解析模型。Bushman et al.(2006)假设高管拥有私人信息,从而市场无法正确预期高管行为,且高管风险中立,得出会计信息两作用之间存在正相关关系。Banker et al.(2009)构建了一个两行动、两信号的委托代理模型,得出会计信息两作用之间的正相关关系。除了专门针对会计信息两作用之间相互关系进行研究的文献之外,还有很多文献在字里行间也表达了对会计信息两大作用之间相互关系的看法。如 Gjesdal(1981)指出对信息系统的评价基于激励作用时与基于估值作用时不一定要一致,从而表明信息基于激励作用时的最优权重不一定要与基于估值作用时的权重保持一致,暗含会计信息估值作用与激励作用之间的独立性。Lambert(1993)提到对一个企业进行估值并不等同于评价一个管理者对企业的贡献,也暗含着会计信息估值作用与激励作用之间的独立性。而 Bushman, Smith(2001)在综述文章中谈及会计信息激励作用与估值作用之间的相互关系时预期它们之间存在着正相关的关系。

可以发现,已有文献对会计信息估值作用与激励作用之间相互关系的看法主要分两种:一种是认为会计信息两个作用之间是相互独立的,另一种认为会计信息两作用之间存在正相关关系。支持相互独立的文献主要有 Gjesdal(1981)、Paul(1992)、Lambert(1993)等;支持正相关的文献主要有 Bushman,Smith(2001),Bushman et al.(2006),Banker et al.(2009)等,所以现下文献对于会计信息两个作用之间是否存在某种关系没有一个统一的结果,且不管是对于"不相关"还是"正相关"关系,文献的解释大都是基于解析模型或者是作者的直观感觉,并没有很统一的理论上的解释,就该问题的研究,现状及存在的一些问题如下:

(1)模型假设前提较强。现有文献通常利用解析模型对会计信息估值作用与激励作用之间的相互关系进行解释,这些模型都有着较强的前提假设,但部分前提假设与现实并不相符。如 Paul(1992)、Lambert(2001)得出不相关结果背后的假设是市场与高管拥有相同的信息集,从而使得市场能够正确预期高管行为,所以在估值中,市场不需要利用盈余来预期与高管努力相关的产出项。这个假设是很强的,因为现实世界中高管多多少少拥有私人信息,使得市场无法准确预期其行为,正如 Lambert(2001)

讨论的,当高管拥有私人信息时,由于无法正确预期高管行为,市场需要依赖盈余来同时预期高管努力带来的产出项及随机产出项,从而拉近了盈余在估值与激励中的作用。再比如,Bushman et al.(2006)假设高管拥有私人信息且风险中立,得出会计信息估值作用与激励作用之间正相关的结论。首先,现实中大多数人都是风险规避的,因此高管风险中立这一假设与现实并不太相符;其次,如果假设公司能够被定价,那么在高管风险中立假设下并不存在激励问题,从而使得对会计信息激励作用的研究失去了基础。所以说,模型建立在较强的假设前提下,无疑会使得模型的解析结果受到质疑,因此一个基于现实情况的前提假设下的解析模型就显得迫切需要了。本书将在现有文献的基础上,假设高管拥有私人信息且风险厌恶,从而构造解析模型探讨会计信息两个作用之间是否存在相互关系。

(2)中国市场下会计信息估值作用与激励作用之间的相互关系。尽管已有一些文献对会计信息估值作用与激励作用进行了研究,但至今这些研究都是基于美国市场的,或者说至少这些实证研究中的数据都是基于美国资本市场的。中国市场有其自身特点,中国市场下会计信息的估值作用与激励作用之间到底是什么样的关系呢?至今没有文献对这一问题进行研究,究其原因有可能是问题本身的复杂性,另一方面也有可能是受研究数据的限制。

解决以下两个问题是很有必要的:首先,建立一个基于较现实的假设前提的解析模型可以得出更一般性的结果,从而模型结果更有现实意义,也更令人信服。其次,弄清楚中国市场中会计信息两个作用之间的关系。会计信息估值作用与激励作用是会计信息在资本市场中扮演的两大主要角色,很多会计话题的研究都跟会计信息的这两个主要角色相关,弄清楚会计信息这两大作用之间的关系可以完善有关会计信息作用的相关研究,使得研究视角更为全面,结论更为准确;另一方面也可以对某些相关研究提供全新的思路。最后,弄清楚会计信息估值作用与激励作用之间的相互关系对现实环境中关注估值的市场投资者及关注高管激励契约设计的股东也有参考意义。

基于以上的研究背景,本书研究的主要问题有:

(1) 会计信息噪音对估值作用与激励作用的影响。在利用解析模型探讨会计信息估值作用与激励作用之间的相互关系之前,本书先进行一个辅助检验,以期提供会计信息两大作用之间是否存在某种关系的间接证据或者说探讨会计信息两大作用之间是否有存在某种关系的可能性,因此本书首先研究了会计信息噪音对其估值作用与激励作用的影响。Paul(1992)的研究结果虽然表明会计信息的估值作用与激励之间是独立的,但同时也可以看到,其给出的会计信息的估值作用大小与激励作用大小都与会计信息自身噪音成负向关系。因此,从某种意义上来说,会计信息的估值作用与激励作用之间也具有存在某种联系的可能性。在具体检验中,本书将会计信息具体化为会计盈余,利用异常应计绝对值与异常应计标准差表征会计盈余噪音大小,研究会计盈余噪音对盈余估值作用与激励作用的影响,希望为会计盈余两大作用之间是否存在某种关系提供间接证据或者说检验会计盈余两大作用之间是否有存在某种关系的可能性。

(2) 假设高管拥有私人信息且风险厌恶下的解析模型结果。这亦是本书的核心内容,即利用解析模型探讨会计信息两大作用之间是否存在某种关系,相对于前一问题,这一问题的研究可以看作会计信息两大作用之间相互关系的直接证据。Bushman et al. (2006)假设高管拥有私人信息且高管风险中立,得出会计盈余估值作用与激励作用正相关的结论。可以看到,现实中的高管或多或少都拥有私人信息,市场很难准确预期高管行为,因此Bushman et al. (2006)的这一前提假设较为接近现实。同时也可以看到关于高管对风险的态度更一般的假设应该为风险厌恶,且在公司可以被定价的前提下假设高管风险中立则并不存在激励问题,从而使得研究失去了基础。因此本书将基于高管拥有私人信息且风险厌恶假设构建解析模型探讨会计信息估值作用与激励作用之间是否存在某种关系。本书期望在这样一个更为接近现实的模型基础上得出会计信息估值作用与激励作用之间相互关系的直接证据。

(3) 中国市场下会计信息估值作用与激励作用之间的关系。在以上两部分分析的基础上,本书将利用中国资本市场数据研究中国市场下会计信息估值作用与激励作用之间的相互关系。在具体检验中,与会计信息噪音的检验保持一致,将会计信息具体化为会计盈余。本书首先利用中国股票市场数据与上市公司年报数据分别研究中国资本市场下会计盈余的估值作用与激励作用,在此基础上再讨论中国市场下会计盈余的这两种作用之间是否存在某种关系。这部分的实证研究主要参考以往文献的实证模型设计,此外再进行各种稳健性测试,以期发现中国资本市场下会计信息估值作用与激励作用之间的相互关系,完善中国资本市场环境下相关会计研究。其次将会计信息具体化为现金流,探讨现金流这一会计信息的估值作用与激励作用之间的关系,以及与盈余信息两大作用之间相互关系的区别。

(4) 本书的研究与"基于准则的会计信息作用研究"的区别。"会计信息观"偏向讨论会计信息的估值作用,相对来说更重视会计信息的相关性;"会计契约观"偏向讨论会计信息在企业各契约中的作用,相对来说更重视会计信息的可靠性。会计信息两个作用对信息属性的不同侧重,使得准则如果强调信息的相关性,则会增强会计信息的估值作用,但同时会减弱会计信息的契约作用,因此会计信息的估值作用与契约作用之间似乎是成负向关系。

本书使用的研究方法主要有规范研究、实证研究及分析式研究(解析推导)。具体来说,在提出关于会计信息噪音对其估值作用、激励作用影响的假设时运用了规范研究,之后用实证研究方法利用中国资本市场数据验证相关假设;用分析式研究(解析模型)提出了会计信息估值作用与激励作用之间相互关系的假设,之后在具体研究中国市场中会计盈余估值作用与激励作用之间的相互关系时运用了实证研究。另外,还大量使用了图表说明的方法以期更直观地显示结果。本书的主要研究发现如下:

(1) 会计信息噪音对其估值作用、激励作用有着同向的负面影响。本书在具体检验时将会计信息具体化为会计盈余,利用异常应计大小及标准差衡量盈余噪音大小,发现信息噪音越大,其估值作用、激励作用就越小,这一结果在各个异常应计计量模型下都保持稳健,说明盈余估值作用、激励作用受到盈余噪音同方向的负面影响,以及盈余估值作用、激励作用之间具有存在某种关系的可能性,验证了 Bushman et al. (2006)的讨论。

(2) 假设高管风险厌恶及拥有私人信息的解析结果表明,会计信息估值作用与激励作用之间通过高管努力的边际业绩衡量指标与边际真实产出的协方差建立起正向关系。

(3) 利用中国资本市场数据的实证检验结果证实了解析模型的发现。具体检验中,本书将会计信息具体化为会计盈余,发现中国资本市场下会计盈余的估值作用及激励作用之间存在正向关系。这一关系在各种稳健性测试下都成立,且在考虑了高管持股、股票期权等权益性薪酬的影响下结论依然成立。将会计信息具体化为现金流的实证检验发现,现金流的估值作用与激励作用之间也呈现出正向关系,但较之盈余信息,现金流两大作用之间的正向关系更弱。

研究会计信息估值作用与激励作用之间的相互关系有一定的理论与实践意义。在理论方面,首先,学术界有大量关于会计信息估值作用或激励作用的单独研究，确立会计信息这两大作用之间的相互关系对会计信息估值作用、激励作用的研究是个重要补充。其次，确立会计信息两大作用之间的相互关系可以进一步完善对这两大作用的单独研究，使得研究更全面，为研究提供新的视角。

在实践方面，确立会计信息估值作用与激励作用之间的相互关系，可以为关注高管激励契约设计的股东与关注估值的市场投资者提供额外信息。比如，从理论上来说，如果会计信息估值作用与激励作用之间是相互独立的，那么股东在对高管设计基于会计信息的激励契约时则不必关注会计信息在资本市场上的估值作用；反之，如果会计信息估值作用与激励作用之间存在某种相互关系，比如正向关系，则股东在考虑基于会计信息对高管的激励力度时可以参考会计信息在资本市场上的估值角色。其次，如果会计信息两个作用之间存在某种关系，关注估值的市场投资者与关注激励契约设计的股东可以利用这种关系检验各自在估值与激励契约中对会计信息的利用是否合理。比如，如果会计信息两大作用之间成正向关系，则当股东认可市场投资者是相对专业的一方且发现公司会计信息在资本市场上的估值作用在提高，而公司薪酬契约中基于会计信息的激励力度却一直在下降时，股东应该对企业薪酬激励契约进行再三斟酌以使其回归更有效的水平。

全书章节安排如下：

导论介绍了本书的写作背景、主要内容、所用的研究方法与框架。

第1章介绍了资本市场会计信息作用的产生与发展历程。首先介绍会计目标的有关内容，然后介绍资本市场中会计信息估值作用、契约作用的产生背景，最后明确一些主要概念，如高管薪酬、会计信息激励作用、会计信息估值作用等。

第2章介绍了有关会计信息作用的研究文献。首先对有关会计信息估值作用的文献进行总结，其次对会计信息激励作用的文献进行总结，最后对有关会计信息估值作用与激励作用之间相互关系的文献进行总结分析。

第3章检验了信息噪音对会计信息估值作用与激励作用的影响。结果表明会计信息估值作用与激励作用之间相互独立，但从其给出的会计信息的估值作用与激励作用的表达式可以看出两个作用都受会计信息噪音的影响（Paul，1992）。本章利用中国资本市场数据实证检验会计信息噪音是否对其估值作用、激励作用有着同向的影响，一方面是对文献的解析结果的验证，另一方面是提供会计信息两大作用之间存在相互关系的可能性或者间接证据。

第4章介绍了会计信息估值作用与激励作用之间相互关系的解析过程。笔者在高管拥有私人信息且风险厌恶两大假设基础上，建立解析模型探讨会计信息估值作用与激励作用之间的相互关系，以提供直接证据。

第5章利用中国资本市场数据实证检验会计盈余市场估值与高管激励作用之间的相互关系。笔者利用中国市场下的数据实证检验解析模型提出的假设是否成立，为模型结果提供支持，同时本章的检验也为这一问题的研究提供了中国市场下的证据。

第6章利用中国资本市场数据，实证检验另一会计信息——现金流的估值作用与激励作用之间的相互关系，同时对现金流两大作用之间的相互关系与盈余两大作用之间的相互关系进行比较。

第7章探讨了本书的研究主题与"基于准则的会计信息作用"的研究之间的区别与联系。首先介绍07新准则下会计信息作用的相关研究，然后讨论基于准则的会计信息作用的研究与本书的研究之间的区别。

参考文献

1. R. Ball, P. Brown, An Empirical Evaluation of Accounting Income Numbers[J], Journal of Accounting Research, 1968, 6:159—177.
2. R. D. Banker, R. Huang, R. Natarajan, Incentive Contracting and Value Relevance of Earnings and Cash Flows[J], Journal of Accounting Research, 2009, 47:647—678.
3. W. Beaver, The Information Content of Annual Earnings Announcements[J], Journal of Accounting Research Supplement, 1968, 6:67—92.
4. R. M. Bushman, E. Engel, A. Smith, An Analysis of the Relation between the Stewardship and Valuation Roles of Earnings[J], Journal of Accounting Research, 2006, 44:53—83.
5. R. M. Bushman, A. J. Smith, Financial Accounting Information and Corporate Governance[J], Journal of Accounting and Economics, 2001, 32:237—333.
6. G. Feltham, J. Ohlson, Valuation and Clean Surplus Accounting for Operating and Financial Activities[J], Contemporary Accounting Research, 1995, 11:689—731.
7. F. Gjesdal, Accounting for Stewardship[J], Journal of Accounting Research, 1981, 19:208—231.
8. M. Harris, A. Raviv, Optimal Incentive Contracts with Imperfect Information[J], Journal of Economic Theory, 1979, 20:231—259.
9. R. Holthausen, R. Watts, The Relevance of Value-relevance Literature for Financial Accounting Standard Setting [J], Journal of Accounting and Economics, 2001, 31:3—75.
10. R. Lambert, Contracting Theory and Accounting[J], Journal of Accounting and Economics, 2001, 32:3—87.
11. R. Lambert, The Use of Accounting and Security Price Measures of Performance in Managerial Compensation Contracts: A Discussion[J], Journal of Accounting and Economics, 1993, 16:101—123.
12. J. Ohlson, Earnings, Book Values, and Dividends in Equity Valuation[J], Contemporary Accounting Research, 1995, 11:661—687.

13. J. Paul, On the Efficiency of Stock-based Compensation[J], Review of Financial Studies, 1992, 5:471—502.
14. T. Perry, M. Zenner, CEO Compensation in the 1990s: Shareholder Alignment or Shareholder Expropriation? [J], Wake Forest Law Review, 2000, 35:123—152.

第1章 资本市场会计信息作用的产生与发展

1 会计目标

会计目标是会计领域最基本的理论概念,具体的会计目标密切依存于会计信息使用者对会计信息的需求。根据 IASC"编报财务报表的框架",通用的财务会计目标可以简单概括为:提供有助于一系列使用者经济决策的关于主体财务状况、经营业绩和财务状况变化(主要是现金流量)的信息。一系列使用者包括现在的和潜在的投资者、债权人、雇员、供应商、客户、政府部门及社会公众等,不同的使用者对信息的需求有所不同,其中最重要的使用者是专业使用者。会计目标以会计基本假设来推测谁是会计信息的使用者以及信息使用者需要什么样的信息。目前,关于会计目标主要有两种观点:受托责任观和决策有用观。

1.1 受托责任观

欧洲中世纪的庄园主与管家之间的关系可以看做是最早出现的委托代理责任关系,在这种关系中,受托责任观概念被使用,英文表达为 custodianship。之后,随着经济生活中委托代理关系的普遍,其英文表达衍生为 stewardship,表示资源的管理者对资源的所有者所承担的对资源有效管理、有效经营的义务与责任。之后学者们又提出 accountable 的表达,相对于 stewardship, accountable 的表达又包括了公司治理的意义,表示资源管理者对资源所有者所承担的对其经营活动及结果的解释说明义务。随着公司治理的"利益相关者观"的发展,受托责任观的内涵也发展到了"社会责任"层面(葛家澍、杜兴强等,2005)。从代理理论角度出发,Bushman,Smith(2001)将这种受托责任称为"治理"(government)观,Holthausen,Watts(2001)将其称为"契约"(contract)观(李玉博,2010)。

受托责任观的内涵概括如下:(1)委托代理的存在是受托责任观的基石。受托责任观要想得到明确的履行,通常要求有明确的委托代理关系(刘峰,1996)。(2)受托方承担向委托方解释说明对委托资源的管理及经营过程、结果的责任。

1.2 决策有用观

资本市场的发展促进了会计信息决策有用观的产生。资本市场对资源进行配置,资源配置过程中,委托代理关系随着投资者的"用脚投票"被打破,然后重新建立。投资者买入卖出的决策影响资源配置的同时也改变了原有的委托代理关系。在资本市场中,拥有资金寻找投资机会的人们需要信息以对各种投资机会进行评估;另一方面,需要资金的上市公司为了在资本市场上成功融到资金,则需要提供能帮助投资者进行决策的信息,以辅助投资者决策,会计信息作为重要的信息源之一,其决策有用性应运而生。

美国财务会计准则委员会在其财务会计概念框架中确立了会计信息的决策有用观,且该观点已成为财务报告目标的主流观点。决策有用观下,财务报告应该提供有利于现存的、潜在的投资者进行投资决策的有用信息,虽然投资决策基于企业未来发展信息,而会计报告是以过去的交易事项为基础编制的,但专业的信息使用者还是能够从中得到评估企业未来发展的信息(葛家澍、杜兴强等,2005)。

1.3 受托责任观与决策有用观的比较

随着资本市场的发展及其在社会经济中举足轻重的地位,会计信息决策有用观被强调,而受托责任观则相对被忽视。这一点可从2006年7月美国会计准则委员会(FASB)和国际会计准则委员会(IASB)联合发布的《财务报告概念框架:财务报告目标与决策有用的财务报告信息的质量特征(初步意见)》看出来,该框架将财务报告的目标定位于决策有用观,不再单独将受托责任观作为会计目标,认为决策有用观包括了受托责任观,受托责任观下的信息本身就属于资源配置决策所需要的信息(李玉博,2010)。

决策有用观适用于资本流动顺畅、所有者与受托者模糊的市场环境下,而受托责任观适用于所有者和受托者都相对清晰及稳定的市场环境下。在发达的资本市场中,投资者通过"用脚投票"追寻更有价值的投资机会,在这过程中投资者同时实现了频繁转变委托代理关系,此时对其而言重要的不是基于委托代理关系下的会计信息的受托责任观,而是可以辅助其判断投资机会的信息决策有用观,这样就不难理解决策有用观为什么被重视了。

然而,受托责任观与决策有用观两者并不矛盾。受托责任观下的信息可以是投资者用脚投票的一个理由,且投资者在用脚投票之后也要关注受托责任观下的信息。英国ASB(accounting stardard board)在其"财务报告原则公告"中,率先将"受托责任观"与"决策有用观"融合表达,形成了完整的财务报告目标,ASB认为:"财务报告的目标是向一个广泛范围内的使用者提供关于一个报告主体财务业绩和财务状况的信息,以利用他们评价该主体管理当局履行受托责任情况并进行相应的经济决策"(葛家澍、杜兴强等,2005)。

1.4 中国财务会计的目标

由于各国具体环境的不同,产生了不同的会计目标。美国由于拥有发达的资本市场,因此其财务报告的目标定位于以决策有用观为主导。我国实行的是社会主义市场经济体制,资本市场不是很发达,且存在国有上市公司,从而决定了我国财务会计目标不可能是单纯的决策有用观。2006年我国出台的新会计准则的基本准则中规定,财务报告的目标是向财务报告的使用者提供与企业财务状况、经营成果和现金流量等有关的会计信息,反映管理层受托责任的履行情况,有助于财务报告使用者作出经济决策。由此可见在我国的环境下,会计目标同时强调"受托责任观"和"决策有用观"。

由以上介绍可以看出,受托责任观与决策有用观是会计目标的两个主要观点。相对来说,受托责任观对应本书所要研究的激励作用,而决策有用观对应本书所要研究的估值作用。

2 会计信息观

2.1 信息观及估值作用的形成[①]

在 Ball,Brown(1968) 和 Beaver(1968) 这两篇开创性会计实证论文产生以前,会计研究是规范性的。研究者大多基于一个既定的会计目标来提出自己对会计政策的建议,因此会计理论的前提是一个清晰的会计目标。但是,当时研究者对会计目标没有达成共识,因此也就没有被大家所认可的会计理论,从而使得会计存在的意义被质疑,会计数据所传递的关于企业财务状况的信息

---

① 参考 Holthausen,Watts(2001),Kothari(2001)。

也受到怀疑。通过实证的方法来验证会计数据到底有没有传递关于企业财务状况的信息就成了 Ball, Brown（1968）和 Beaver（1968）的一个主要动力。有了这个动力，加上同时期的金融及经济学的发展，即 Friedman（1953）实证经济学研究的提出、Fama（1965）资本资产定价模型（CAPM）的提出以及 Fama et al.（1969）事件研究法（event study）的提出，为这两篇会计实证文章提供了实现路径。Ball, Brown（1968）和 Beaver（1968）通过短窗口的事件研究（event study）证明了会计信息是具有信息含量的，通过长窗口的关联研究（association study）证明了会计信息能够捕捉到一段时间内股价变化所包含的部分信息，这两篇研究奠定了会计信息估值作用形成的基础。在 Ball, Brown（1968）和 Beaver（1968）证明了会计信息具有信息含量之后，后续一系列研究都接受了这个结论，认为会计数据可以为股票市场的投资决策提供有用的信息，开始了一系列探讨会计数据与股价之间关系的研究，开创了后来的会计信息价值相关性方面的研究，这些研究奠定了"会计信息观"的形成。

"会计信息观"认为会计数据可以提供有关估值模型中输入变量的信息，这里的会计数据包括盈余、股利或现金流，可以通过检验会计数据与股价或股票回报之间的相关性来探讨会计数据的信息作用，此类研究形成了会计信息的价值相关性研究。根据 Holthausen, Watts（2001），价值相关性研究主要分两类：第一类是准则导向的，即 Holthausen, Watts（2001）所讨论的以 Mary Barth 的一系列研究为代表的文献；第二类是基于估值或基本面分析的，即 Kothari（2001）所讨论的以盈余反映系数研究为典型的研究。准则导向的价值相关性研究的前提是假设会计信息与股价或股票回报之间的相关性是准则制定者的主要目标，在此基础上探讨各种会计数据与股价或股票回报之间的关系。该研究主要有三种：一是相对关联研究（relative association study），比较各种编制基础下的盈余(bottom-line measure)与市场价值或其变化值的关系(association);第二类是增量关联研究(incremental association study),探讨在控制其他变量的基础上,加入的会计信息对解释股价或回报(长窗口下)有没有增量信息;第三类是边际信息含量研究(marginal informational content study),探讨一个特定会计数据是否能够为投资者提供信息,通常通过短窗口的事件研究看一个会计信息的发布是否伴随着股价的变化。其中前两种方法即关联研究是比较普遍的方法(Holthausen, Watts, 2001)。基于估值或基本面分析的价值相关性研究典型的代表即盈余反映系数的研究,或简称 ERC。ERC 的研究基于盈余资本化估值模型,在一系列简化处理下,探讨会计数据对估值的作用,这里的估值作用即基于盈余反映系数。

2.2 会计信息估值模型

大致上,会计信息估值模型可以分为三种:

第一种是股利折现模型。股利折现模型可以追溯到 Williams(1938),该模型将股价定义为预期未来股利的现值,一般表达式为(Kothari, 2001):

$$P_t = \sum_{k=1}^{\infty} E_t[D_{t+k}] / \prod_{j=1}^{k} (1 + r_{t+j})$$

其中,P_t 为 t 期的股价,$E_t[D_{t+k}]$ 为 t 期时对 $t+k$ 期股利的期望,r_{t+j} 为 $t+j$ 期的折现率。由该式可以看出股价依赖于当下对未来各期股利的预期及未来各期的折现率。Gordon(1962)提出了简化模型,即假设未来各期的折现率都恒定为 r,未来的股利以恒定增长率 g 增长,其中 $g < r$,则股利模型简化为:

$$P_t = E_t(D_{t+1}) / (r - g)$$

第二种是盈余资本化模型(earnings capitalization model)。盈

余资本化模型是股利模型的一个变化形式(Fama, Miller, 1972),①该模型的好处是用会计盈余替代了股利对企业进行估值。该模型的一般形式为:

$$V(0) = \frac{X(1)}{r} + \sum_{t=1}^{\infty} I(t)\left(\frac{r*(t)-r}{r}\right)\frac{1}{(1+r)^t}$$

其中,$V(0)$表示当期估计价值,$X(1)$表示未来一期盈余,$I(t)$表示t期的投资,$r*(t)$为t期的投资回报率,r为折现率,也为投资成本率。由上述估值表达式可以看出公司价值被分成了两部分:一部分是公司现有资产未来产生盈余的现值(假设现有资产在未来每一期都能产生相等的盈余,相当于永续年金现值);第二部分是各期投资所带来的超额回报的现值(假设每期投资带来的超额回报是永续年金)。可以看出,如果企业在未来没有投资机会或者投资不能带来超额收益,即$r*(t)=r$,则第二项等于零,此时企业估值$V(0)=X(1)/r$。很多盈余反映系数的研究就是基于此而展开的。

第三种是剩余收益估值模型(residual income valuation model)。Ohlson的剩余收益模型也是被广泛使用的估值模型,该模型认为企业价值等于当期账面价值加上未来各期超额收益的现值,这里的超额收益定义为预期盈余减去资本成本。常用表达式如下:

$$P_t = BV_t + \sum_{K=1}^{\infty} E_t[X_{t+k} - r \times BV_{t+k-1}]/(1+r)^k$$

这里的BV_t为t期的权益账面价值,X_t为t期盈余,r为折现率(假设恒定不变)。该模型同样可以看成是股利模型的转化(Ohlson, 1995; Feltham, Ohlson, 1995; Dechow et al., 1999; Lee, 1999)。这里需要"清洁盈余"(clean surplus)假设,即企业账面价

---

① See Eugene F. Fama, Merton H. Miller, Theory of Finance, New York, 1972, 78—92.

值的变化等于盈余减去股利,即 $BV_t - BV_{t-1} = X_t - D_t$。虽然剩余收益估值模型是股利估值模型的一个转化形式,但它比股利模型更实用,如剩余收益模型可以直接利用预期超额盈余对企业进行估值,而预期超额收益可以利用分析师预测减去资本成本得到(Lee et al.,1999;Bernard,1995)。

文献中还有一种资产负债表模型。该模型主要是用于检验价值相关性,以此来评价财务会计准则,该模型认为企业就是多个可分离资产的组合,而各个资产的账面价值就是其市场价值的有噪音的反映,企业未来现金流的折现价值就等于企业净资产价值。企业若无超额收益的话,则常用模型为(Holthausen,Watts,2001):

$$MVE = MVA + MVL + MVC$$

其中,MVE 为权益的市场价值,MVA 为除待检验项以外的可分离资产的市场价值,MVL 为除待检验项目以外的可分离负债的市场价值,MVC 即为待检验项目的市场价值。该模型被广泛用于检验会计准则的价值相关性方面的研究中,如 Barth,Landsman(1995),Barth(1991、1994),Barth et al.(1992)。

2.3 盈余资本化模型的推导

由于本书使用盈余反映系数代表盈余估值作用,而盈余反映系数是基于盈余资本化模型的,因此这里提供详细的由股利估值模型到盈余资本化模型的转化过程,具体来说,这个过程其实是股利模型到净现金流模型,再到盈余资本化模型的过程,详细过程参考 Fama,Miller(1972)。

有:

$$v(0) = \sum_{t=1}^{T} \frac{d(t)}{(1+r)^t} + \frac{v(T)}{(1+r)^T}$$

其中,$v(0)$ 为每股价值,$d(t)$ 为每股现金股利,r 为折现率。

$$v(0) = \sum_{t=1}^{\infty} \frac{d(t)}{(1+r)^t}$$

$$V(0) = n(0)v(0) = \sum_{t=1}^{\infty} \frac{n(0)d(t)}{(1+r)^t} \qquad (1)$$

其中,n 为当期的普通股股数。

以 $R_i(t)$ 表示企业运营所得,$W_i(t)$ 表示企业支付的工资等支出,$I_i(t)$ 表示资本支出,如总投资等,$d_i(t)$ 表示每股支付的现金股利。$R_i(t) - W_i(t) - I_i(t)$ 表示 t 期的净现金流。如果企业当期没有增发股票的话,有:

$$D_i(t) = R_i(t) - W_i(t) - I_i(t)$$

则

$$V(0) = \sum_{t=1}^{\infty} \frac{R(t) - W(t) - I(t)}{(1+r)^t}$$

这表示当期企业市场价值为未来各期净现金流的现值。

令 $X(t) \equiv R(t) - W(t)$ 表示净经营现金流,则

$$V(0) = \sum_{t=1}^{\infty} \frac{X(t) - I(t)}{(1+r)^t} \qquad (2)$$

这里的 $X(t)$ 是"现金性盈余",仍然不是通常所说的会计盈余,但这并不会产生任何影响,如果继续变换,令 $Z(t)$ 为 t 期的折旧额,则

$$A(t) = R(t) - W(t) - Z(t)$$

$A(t)$ 为会计盈余,而 $N(t) = I(t) - Z(t)$ 表示从会计资产账面价值净变化角度所说的净投资,所以式(2)进一步转化为:

$$V(0) = \sum_{t=1}^{\infty} \frac{A(t) - N(t)}{(1+r)^t}$$

所以本质上没有影响。

下面进一步讨论投资对估值的影响,假设每一期的投资都在未来各期产生同样回报率的盈余,以 $r^*(t)$ 表示各期投资产生的回报率,则有:

$$X(2) = X(1) + r^*(1)I(1)$$

$$X(3) = X(2) + r^*(2)I(2)$$
$$= X(1) + r^*(1)I(1) + r^*(2)I(2)$$

所以有：

$$X(t) = X(1) + \sum_{\tau=1}^{t-1} r^*(\tau)I(\tau), \quad t = 2,3,\ldots,\infty$$

代入式(2)，则有：

$$V(0) = \sum_{t=1}^{\infty} \frac{X(1)}{(1+r)^t} + \sum_{t=1}^{\infty} I(t)\left(\sum_{\tau=t+1}^{\infty} \frac{r^*(t)}{(1+r)^\tau} - \frac{1}{(1+r)^t}\right) \quad (3)$$

式(3)中的第二项可以进一步简化，比如：

$$\sum_{\tau=t+1}^{\infty} \frac{r^*(t)}{(1+r)^\tau} = \frac{1}{(1+r)^t}\sum_{\tau=1}^{\infty} \frac{r^*(t)}{(1+r)^\tau} = \left(\frac{r^*(t)}{r}\right)\frac{1}{(1+r)^t}$$

则

$$\sum_{t=1}^{\infty} I(t)\left(\sum_{\tau=t+1}^{\infty} \frac{r^*(t)}{(1+r)^\tau} - \frac{1}{(1+r)^t}\right)$$
$$= \sum_{t=1}^{\infty} I(t)\left[\frac{r^*(t) - r}{r}\right]\frac{1}{(1+r)^t}$$

所以式(3)化简为：

$$V(0) = \frac{X(1)}{r} + \sum_{t=1}^{\infty} I(t)\left(\frac{r*(t)-r}{r}\right)\frac{1}{(1+r)^t} \quad (4)$$

其中模型的第一项是现有资产在未来各期产生的永续盈余，第二项是企业新增投资产生的超额回报，如果企业的投资不能带来超额回报，则第二项为零。如果发现成长性企业的价值对盈余的回归系数大于1/r，并不简单因为市场预期企业的资产、盈余在未来会增长，而是需要企业新增资产的回报高于在市场上购买股票的回报，如果企业新增投资不能产生超额回报，则无论企业的规模如何扩张，其 P/E 都不会大于1/r。另外需要注意的是，这里的超额回报是企业层面的，并不是投资者层面的，因为企业未来任何超额回报机会都会反映在当期股价中，所以投资者在买进这些成长性企业的时候已经支付了更高的成本，最终回报跟买入其他公司是一样的。盈余资本化模型在会计研究中很热门,是盈余反映系数研究的基础(Kothari,2001)。盈余反映系数对模型的应用假设企业新增投资没有超额回报,即式(4)的第二项为零。在股价对盈余水平值的回归中,用期初股价作为分母,则转化为回报对 E/P 的回归,因此检验中既可以水平值回归,也可以变化值回归。

3 会计契约观

3.1 会计契约观与会计激励作用[①]

与 Ball,Brown(1968)和 Beaver(1968)产生环境类似的是不久之后产生的 Watts,Zimmerman 的实证会计理论。Ball,Brown(1968)和 Beaver(1968)之后,会计的信息作用被接受,"会计信息观"探讨了很多关于市场如何使用会计信息方面的问题,但是却没有提供现实中有关会计选择问题的解释,比如,在不影响税收折旧前提下,为什么企业要从加速折旧法转向直接折旧法,为什么各个公司对同一经济事项的反映所采用的会计方法有所不同等。造成这一现象的原因是"会计信息观"基于的金融理论的前提认为会计选择是无关的,即会计选择不会对企业价值造成影响。资本资产定价模型(CAPM)及 Modigliani,Miller(1958)的框架下,信息是没有成本的,且不存在交易成本,因此,如果会计方法不能够影响赋税,就不会对企业价值造成影响。在这样的前提下无法对企业会计选择行为进行预期与解释,会计是无关的(Watts,Zimmerman,1990)。

同时期的金融及经济学的发展即 Jensen,Meckling(1976)"公

[①] 参考 Kothari(2001)等。

司理论"的提出与 Ross(1977)"激励"的提出促进了 Watts,Zimmerman 的实证会计理论的提出(Watts,Zimmerman,1978、1979、1983、1986)。为了预期与解释"会计信息观"无法解决的会计选择现象,Watts,Zimmerman 通过引入信息或契约成本奠定了会计信息的契约作用。学者们为了将现实中的会计选择与企业价值联系起来,引入债务成本、薪酬契约成本及政治过程中的游说成本等。债务成本包括破产成本及相关代理成本,而会计数据的使用可以最小化其中的代理成本,因而引起会计学者的关注。学者们发现会计选择在债务契约中的意义并且开始对其在现实世界中的使用作出预期(Watts,1977)。会计数据同样被使用在薪酬契约中,从而被预期为会计数据,用来最小化股东与高管之间的代理成本,如红利计划中会计数据的应用(Smith,Watts,1982),从而表明会计选择是可以影响财富的。同样,会计数据与企业政治成本的关系也表明了会计选择可以降低企业的政治成本,从而影响企业价值。虽然债务契约成本、薪酬契约成本以及政治成本可以解释及预测实务中的会计选择问题,但更基础的理论是企业理论。上世纪70年代,经济学家希望可以找到解释企业组织结构的理论,如为何选择公司形式、契约的结构、高管激励、分权或集权形式等问题。生产活动既可以通过市场也可以通过企业形式组织(Coase,1937；Alchian,Demsetz,1972),在市场中,可以通过价格实现生产的合作;而在企业内部则是通过各种成本达到目的(Ball,1989)。Alchian(1950)提到,竞争使得在商品及服务提供上最有效率的形式得以存活,因此哪种生产需要通过市场、哪种需要通过企业形式则取决于哪种方式更具有成本效益。同理,在企业的竞争中,能够从组织上最小化契约成本的企业最终可以存活(Fama,Jensen,1983a、1983b)。在这过程中,会计是作为降低企业契约成本的一个工具,从而成为有效企业组织的一部分。会计通过影响企业契约成本而对企业价值产生影响,由此对会计选择问题进行解释。契约成本包含很多内容,如交易成本(transaction cost)、代理成本(agency cost)、信息成本(information cost)、再协商成本(renegotiation cost)、破产成本(bankruptcy cost)等,会计信息的契约作用即会计信息的使用能够降低企业的这些契约成本从而提升企业价值,其中一个应用就是高管薪酬契约中对会计信息的利用,即会计激励作用(Watts,Zimmerman,1990)。

3.2 会计信息激励作用

Watts、Zimmerman实证会计理论的提出将会计作用由估值作用拓展到契约作用,而其中一个重要的契约就是高管薪酬契约,因此会计信息的激励作用开始被关注。薪酬契约是公司治理的一个重要内容,最早的关于公司治理的研究可以追溯到Berle、Means(1932),在这篇文献中作者提到了大企业中高管的所有权不足以激励高管为使企业价值最大化而努力工作。鉴于现实中大量存在的企业经营权与所有权相分离,公司治理研究致力于找到能够支持这种企业形式且能够减轻代理问题的机制。学者们找到了很多纯市场机制,如产品市场竞争(product market competition)(Alchian,1950;Stigler,1958)、控制权市场(market for corporate control)(Manne,1965)及劳动力市场压力(labor market pressure)(Fama,1980)等。尽管有这些市场力量的存在,但企业仍然需要能够根据企业自身特点加以调整的治理机制的存在,这样的需求促使学者们对于董事会、薪酬契约、所有权集中度、债务契约及证券法等机制对激励管理者为股东利益最大化服务作用的研究,从而高管薪酬契约作为公司治理的一个独立研究内容出现了。另外,信息经济学的发展,特别是委托—代理模型的提出促进了薪酬契约研究的发展。委托—代理理论将业绩衡量指标代入基于不对称信息的最优契约框架下(Ross,1973;Mirrlees,1976;Harris,Raviv,1979;Holmstrom,1979),经典委托—代理理论研究最优薪酬契约设计中风险分担与高管激励的平衡。委托—代理理论认为高管薪酬契约应该基于公司绩效，一些实证研究也建立起薪酬与绩效之间的关系（Murphy，1985；Coughlin，Schmidt，1985；Benston，1985）。Holmstrom（1979）在委托—代理框架下提出了"信息含量条件"（informativeness condition），解决了什么样的信息在契约中有价值的问题，奠定了会计信息激励作用的理论基础。文章认为只要是能够对高管行为有增量信息的指标对契约就是有价值的，就可以包含在契约中。

简单来说，薪酬契约的委托—代理框架就是假设委托人风险中立，代理人风险厌恶，努力厌恶。如果委托人能够直接观测到代理人的努力，则可以给代理人一个固定薪酬，对非最优的劳动予以惩罚，这样所有的风险都由风险中立的委托人承担。但是现实中，委托人不能直接观测到代理人的努力，因此委托人将代理人薪酬的一部分与代理人劳动产出相挂钩，以此来激励代理人努力工作以达到委托人的目标，这样做虽然达到了激励的目的，但同时也增加了代理人的风险，因此可以说是牺牲最优风险分担达到对高管进行激励的目的，会计信息在其中的角色就是衡量代理人劳动产出的变量。而一些文献对现实高管薪酬的调查也确实表明了会计信息在企业薪酬契约中的使用，如Watts，Zimmerman（1978）研究表明会计准则通过税收、监管、政治成本以及信息成本间接影响高管财富，通过高管薪酬契约直接影响高管财富，从而使得高管干涉准则制定，文章中的调查表明大多数企业（69%的样本）的薪酬契约中使用了会计收益指标。Murphy（1998）中介绍了由Towers Perrin在1996年进行的调查，结果显示177个样本公司中有161个公司在年度红利计划中至少直接使用了一种会计指标。Ittner et al.（1997）的调查显示317个样本公司中有312个公司在年度红利计划中至少使用了一种财务指标，其中每股盈余、净利润及营业利润用的是最普遍的指标。同时这两篇文献都没有发现有公司在年度红利计划中直接使用股价信息。

除了传统意义上的会计激励之外,文献还涉及一些非财务指标、主观性指标的运用以及相对衡量指标、经济附加值指标等对管理者的激励。如 Bushman et al. (1996) 对 IPE (individual performance evaluation) 的研究,其中 IPE 就是一个很多指标的混合物,包括对管理者的主观评价;Ittner et al. (1997) 研究了高管的红利与非财务指标的关系;还有 Antle, Smith (1986) 对"相对评价指标" (relative performance evaluation) 的研究。因此,可以看出学者们对各种各样的激励指标进行了研究,以求能够找到更好的激励指标及更有效的激励契约。但不管怎样,会计指标仍然在激励契约中占有重要地位,会计信息的激励作用也一直是学者们关注的焦点。

4 相关概念界定

4.1 中国上市公司高管薪酬

(1) 本书检验中所使用的薪酬。我国上市公司大部分由国有企业改制而来,上世纪90年代早期,国有控股上市公司的高管大多由国有资产管理部门或政府直接委派,薪酬仍按照原来的行政级别确定,考核标准更多地依据政绩而不是公司业绩。随着市场经济及资本市场的不断发展,经理人市场开始形成,到90年代末,部分上市公司的经理人开始通过市场招聘,相应的激励制度也随之开始改革,建立高管业绩考核制度,并在一定程度上将经理人薪酬与其业绩挂钩(李玉博,2010)。与此同时,对上市公司高管薪酬披露的要求也陆续出台。

1997年财政部发布的《企业会计准则——关联方关系及其交易的披露》中要求将关键管理人员报酬作为关联方交易内容进

行披露，其中关键管理人员指的是有权力并负责计划、指挥和控制企业活动的人员，这个可以算是较早期的对管理层报酬信息的披露要求。1999年开始施行的《证券法》第61条规定了股票或者公司债券上市交易的公司应当在每一会计年度结束之日起四个月内提交包含董事、监事、经理及有关高级管理人员简介及其持股情况的年度报告。中国证券监督管理委员会在2001年12月10日发布了《公开发行证券的公司信息披露内容与格式准则第2号〈年度报告的内容与格式〉》2001年修订稿（简称《年报准则》），其中第26条要求上市公司披露董事、监事和高级管理人员的情况，其中包括"基本情况""年度报酬情况"及"报告期内离任高管情况"。"基本情况"包括现任董事、监事、高级管理人员的姓名、性别、年龄、任期起止日期、年初和年末持股数量、年度内股份增减变动量及增减变动的原因等内容。而"年度报酬情况"要求披露董事、监事和高级管理人员报酬的决策程序、报酬确定依据。现任董事、监事和高级管理人员的年度报酬总额（包括基本工资、各项奖金、福利、补贴、住房津贴及其他津贴等），金额最高的前三名董事的报酬总额，金额最高的前三名高级管理人员的报酬总额，独立董事的津贴及其他待遇应分别单独披露。公司应按自己的实际情况划分年度报酬数额区间，披露董事、监事、高级管理人员在每个报酬区间的人数。公司应列明不在公司领取报酬、津贴的董事、监事的姓名，并注明其是否在股东单位或其他关联单位领取报酬、津贴。这是我国证券监督机构首次要求上市公司进行较为详细的高管薪酬披露。

可以看出，2001年修订的《年报准则》对上市公司高管薪酬披露的要求相对于之前的法律法规要更为详细及严格，也正因为如此，在2002年4月底之前披露的2001年的年报中出现了大规模的高管薪酬披露，根据CSMAR国泰君安数据库，2001年年报中披露前三名高管薪酬总额数据的上市公司有1052家（剔除了披露结果为零的上市公司),即90%以上的上市公司在年报中都较详细地披露了高管薪酬情况。而在此前2000年年报中披露前三名高管薪酬总额的上市公司只有332家,即大约30%的上市公司在年报中对高管薪酬情况进行了披露。这里的薪酬数据指的就是上市公司年报中披露的前三名高管薪酬总额,之所以选择总额是因为披露总额的公司年度最多,同时需要指出的是这里的薪酬包括基本工资、各项奖金、福利、补贴等,因此仅指现金薪酬。而只关注现金薪酬并不影响所要解决的问题,Bushman et al.(2006)在盈余估值作用与激励作用相互关系的实证研究中利用的就是现金薪酬,并且给出了解释:有文献表明(Core,Guay,Verrecchia,2003)在使用现金薪酬的研究中标准代理问题预测得到支持,而包括权益性薪酬的检验未得到支持;另外,薪酬的各个部分对应着不同的目的,如现金部分是倾向于激励高管好好努力,而权益性部分是为了留住人才或出于长期计划的考虑,在具体实证部分给出了更为详细的理由。同时国内对高管薪酬契约的研究也大多基于现金薪酬,如李增泉(2000)、魏刚(2000)、张俊瑞等(2003)、徐向艺等(2007)等等[①]。

(2)权益性薪酬部分。除了现金薪酬之外,高管还有一部分基于权益的薪酬,如高管股权激励计划的收益等。股权激励计划产生于上个世纪50年代初的美国,它通过使经营者获得一定的股权促使其为所有者利益努力工作。美国政府相关法案的出台促进了股权激励计划在美国的高速发展,高管薪酬结构中基于如股票或者期权形式的权益薪酬的使用增长很快(Perry,Zenner,2000)。我国的股权激励发展稍晚,1997年开始在部分国有企业进行期股(期权)的试点,1999年9月,天津泰达第一个推出股权

[①] 虽然这些文献中有部分并未发现高管薪酬与公司业绩之间有显著的正相关关系,但这与研究所使用的样本有莫大的关系。

激励细则,此后上市公司开始不断对经营者进行股权激励,至2001年底,共有34家上市公司开始实施股权激励(李玉博,2010)。2005年12月31日,证监会颁布了《上市公司股权激励管理办法(试行)》,为上市公司股权激励制度的设计提供了政策指引,2006年,国务院国资委和财政部分别颁布了《国有控股上市公司(境外)实施股权激励试行办法》和《国有控股上市公司(境内)实施股权激励试行办法》,开始对国有控股公司实施股权激励,股权激励的方式包括股票期权、股票增值权、限制性股票、业绩股票等(吕长江等,2009;李玉博,2010)。在本书所选的样本期即2002至2009年,股票期权激励并不普遍,但高管持股现象比较普遍,因此为了控制权益薪酬对本书研究问题的影响,第6章"敏感性测试"部分进行了相关检验。

4.2 道德风险与激励问题

非对称信息(asymmetric information)指的是某些参与人拥有但另一些参与人不拥有的信息。非对称发生的时间既可能是当事人签约之前,也可能是签约之后。事前的非对称信息引起的问题常称为逆向选择问题(adverse selection),而事后的非对称信息引起的问题常称为道德风险问题(moral hazard)。非对称信息的内容既可能是某些参与人的行动(action),也可能是某些参与人的知识(knowledge),研究这两类问题的模型分别称为"隐藏行动模型"和"隐藏知识模型"或"隐藏信息模型",而文献中通常所说的委托—代理问题指的就是"隐藏行动的道德风险问题"[1]。

隐藏行动的道德风险模型或委托—代理模型试图解决如下问题:一个参与人(称为委托人)想使另一个参与人(称为代理

---

[1] 张维迎:《博弈论与信息经济学》,上海三联书店、上海人民出版社2004年版,第235—238页。

人)按照前者的利益选择行动,但委托人不能直接观测到代理人选择了什么行动,能观测到的只是另一些变量,这些变量由代理人的行动和其他外生的随机因素共同决定,因而充其量只是代理人行动的不完全信息。委托人要解决的问题是如何根据这些观测到的信息来奖惩代理人,以激励其选择对委托人最有利的行动(张维迎,1996)。由此可见,道德风险的存在是激励问题的来源。本章所研究的会计信息的激励契约作用即基于这一理论基础:股东是委托人,高管是代理人,股东无法直接观测到代理人的行动或者是直接观测的成本非常大,会计信息是代理人行动的不完全信息且可以被观测到,从而问题演变为股东如何在薪酬契约中利用会计信息来奖惩高管,以激励其选择对股东最有利的行动。关于激励问题,需要注意:

(1)高管行为不能被直接观测。当高管行动可观测时,股东可以直接设计强制性契约(forcing contract)以使高管采取最优行动(Lambert,2001),并不需要依赖不完全信息来激励高管,当然此时会计信息也就没有激励作用了。比如,股东可以设计如下契约:当股东观察到高管采取的努力程度大于等于最优努力程度时,股东将支付相应薪酬给高管;当股东发现高管的努力程度小于最优努力程度时,股东将支付高管非常少的薪酬,即对高管有足够大的惩罚。这样,只要惩罚足够大,高管就一定会选择最优努力程度。因此可以说高管努力的不可观测性是激励问题存在的必要条件。

(2)当公司可以被定价时,高管不能风险中立。如果高管风险中立,也就没有了道德风险问题(Harris,Raviv,1979),自然也就没有了激励问题。因为在高管风险中立时,可以达到最优的契约设计(张维迎,1996;Lambert,2001)。直观上解释,当公司可以被定价时,就相当于将公司完全"卖给"代理人,即委托人拿固定收入,而代理人享受所有的剩余收益,此时代理人就如同为自己工作,没有偷懒的动机,激励问题被内化。因此会计信息激励作用的研究前提决定了高管风险厌恶,从而在本书的模型假设中高管被界定为风险规避者。①

4.3　会计信息估值作用

本书所探讨的会计信息估值作用是会计信息价值相关性研究体系内的。Ball,Brown(1968)与 Beaver(1968)开创性地用实证方法证明会计信息是对市场估值有用的信息,在之后的几十年中,学者们进行了大量的会计信息价值相关性研究。会计信息价值相关性研究基于的主要模型是由股利估值模型转化来的盈余资本化模型(earnings capitalization model),以及 Ohlson(1995)、Feltham、Ohlson(1995)确立的剩余收益模型(residual income valuation model),后者同样也是基于股利估值模型的转化。会计信息价值相关性研究中,有一类是基于准则导向(standard-setting inferences)的,如 Holthausen Watts(2001)所讨论的,这一类文献假设会计信息估值作用或会计信息与股价(或股票回报)之间的相互关系是准则制定者对会计信息的一个主要要求,研究各种会计数据与股价(或股票回报)之间的相关关系,借以提出对准则制定者的建议。另一类会计信息价值相关性研究基于估值(valuation)及基本面分析(fundamental analysis),并没有任何准则导向,如盈余反映系数(earnings response coefficient,简称 ERC)的研究。本书所关注的会计信息估值作用是会计信息对资本市场投资者评估企业价值的作用,虽然本书的研究结果对有关主体包括准则制定者有参考意义,但本书的主要目的并非对准则制定提出建议,因此本书的估值作用是承接上述第二类价值相关性研究

---

① 会计信息的激励作用主要是对上市公司而言,因此本书假设在一个较完善的资本市场下,上市公司都能够被合理定价。

的,具体来说,本书的估值作用所用指标是盈余反映系数,这也与其他相关文献保持一致,如 Bushman et al. (2006)。

4.4 其他

(1)激励作用与估值作用:相关文献中提到的 Stewardship role 或者 incentive role,或者 managerial performance measure role,本书都统一译成"契约激励作用""薪酬激励作用"或"激励作用"。同样,文献中提到的 value relevance 或者 valuation role,或者 valuation information role,本书都统一译成"会计信息估值作用"。

(2)会计信息与会计盈余:有些文献中用词为"信号"(signal)或"业绩指标"(performance measures),但都可以理解成会计信息(accounting information),本书为了统一,直接用会计信息表示。本书参考已有文献,研究设计中将会计信息直接具体化为会计盈余,因此在本书中出现的"会计信息"都可以理解成会计盈余,或者说两者是通用的。

参考以往文献(Bushman et al.,2006),在本书的研究设计中利用盈余估值模型研究会计盈余估值作用,主要利用盈余反映系数来代表会计盈余估值作用的大小,因此本书对会计盈余估值作用的相关文献回顾部分只关注有关盈余估值模型或者说是有关盈余反映系数的文献。在稳健性测试中,本书将改为采用模型解释度 R^2 来表示盈余的估值作用。盈余的激励作用则利用薪酬对盈余的回归产生,实证检验中分别采用水平值或变化值的回归等。本书对会计作用的讨论是基于1968年实证会计开始之后的研究。

参考文献

1. 李玉博,新会计准则对会计信息契约作用的影响研究[D],上海:上海财经大学,2010.

2. 李增泉,激励机制与企业绩效———一项基于上市公司的实证研究[J],会计研究,2000,1:24—30.

3. 吕长江、郑慧莲、严明珠、许静静,上市公司股权激励制度设计:是激励还是福利?[J],管理世界,2009,9:133—147.

4. 魏刚,高级管理层激励与上市公司经营绩效[J],经济研究,2000,3:32—39.

5. 徐向艺、王俊韡、巩震,高管人员报酬激励与公司治理绩效研究[J],中国工业经济,2007,2:94—100.

6. 张俊瑞、赵进文、张建,高级管理层激励与上市公司经营绩效相关性的实证分析[J],会计研究,2003,9:29—34.

7. 张维迎,博弈论与信息经济学[M],上海人民出版社,1996.

8. R. Ball, P. Brown, An Empirical Evaluation of Accounting Income Numbers[J], Journal of Accounting Research, 1968, 6:159—177.

9. M. Barth, W. Beaver, W. Landsman, The Market Valuation Implications of net Periodic Pension Cost Components[J], Journal of Accounting and Economics, 1992, 15:27—62.

10. M. Barth, Fair Value Accounting: Evidence from Investment Securities and the Market Valuation of Banks[J], The Accounting Review, 1994, 69:1—25.

11. M. Barth, W. Landsman, Fundamental Issues Related to Using Fair Value Accounting for Financial Reporting[J], Accounting Horizons, 1995, 9:97—107.

12. M. Barth, Relative Measurement Errors among Alternative Pension Asset and Liability Measures[J], The Accounting Review, 1991, 66:433—463.

13. W. Beaver, The Information Content of Annual Earnings Announcements[J], Journal of Accounting Research Supplement, 1968, 6:67—92.

14. G. Benston, The Self-serving Management Hypothesis: Some Evidence[J], Journal of Accounting and Economics, 1985, 7:67—83.

15. A. Berle, G. Means, The Modern Corporation and Private Property[M], Transaction Publishers, 1932.

16. V. Bernard, The Feltham-Ohlson Framework: Implications for Empiricists[J], Contemporary Accounting Research, 1995, 11:733—747.

17. R.M. Bushman, R.J. Indjejikian, A. Smith, CEO Compensation: The Role of

Individual Performance Evaluation[J], Journal of Accounting and Economics, 1996, 21:161—193.

18. R. M. Bushman, A. J. Smith, Financial Accounting Information and Corporate Governance[J], Journal of Accounting and Economics, 2001, 32:237—333.
19. R. H. Coase, The Nature of the Firm[J], Economica, 1937, 4:386—405.
20. A. Coughlin, R. Schmidt, Executive Compensation, Management Turnover, and Firm Performance: An Empirical Investigation[J], Journal of Accounting and Economics, 1985, 7:215—226.
21. P. Dechow, A. Hutton, R. Sloan, An Empirical Assessment of the Residual Income Valuation Model[J], Journal of Accounting and Economics, 1999, 26:1—34.
22. E. F. Fama, M. C. Jensen, Agency Problems and Residual Claims[J], Journal of Law and Economics, 1983b, 26:327—349.
23. E. F. Fama, M. C. Jensen, Separation of Ownership and Control[J], Journal of Law and Economics, 1983a, 26:301—325.
24. E. F. Fama, Agency Problems and the Theory of the Firm[J], Journal of Political Economy, 1980, 88:288—307.
25. E. F. Fama, L. Fisher, M. C. Jensen, R. Roll, The Adjustment of Stock Prices to New Information[J], International Economic Review, 1969, 10:1—21.
26. E. F. Fama, M. H. Miller, The Theory of Finance[M], Dryden Press, 1972.
27. E. F. Fama, The Behavior of Stock Market Prices[J], Journal of Business, 1965, 38:34—105.
28. G. Feltham, J. Ohlson, Valuation and Clean Surplus Accounting for Operating and Financial Activities[J], Contemporary Accounting Research, 1995, 11:689—731.
29. M. Gordon, The Investment, Financing, and Valuation of the Corporation[M], Homewood, Ill., R. D. Irwin, 1962.
30. M. Harris, A. Raviv, Optimal Incentive Contracts with Imperfect Information[J], Journal of Economic Theory, 1979, 20:231—259.
31. B. Holmstrom, Moral Hazard and Observability[J], The Bell Journal of Economics, 1979, 10:74—91.

32. R. Holthausen, R. Watts, The Relevance of Value-relevance Literature for Financial Accounting Standard Setting [J], Journal of Accounting and Economics, 2001, 31:3—75.
33. C. Ittner, D. Larcker, M. Rajan, The Choice of Performance Measures in Annual Bonus Contracts[J], The Accounting Review, 1997, 72:231—255.
34. M. C. Jensen, W. H. Meckling, Theory of the Firm: Managerial Behavior, Agency Costs and Ownership Structure [J], Journal of Financial Economics, 1976, 3:305—360.
35. S. Kothari, Capital Markets Research in Accounting[J], Journal of Accounting and Economics, 2001, 31:105—231.
36. C. Lee, Accounting-based Valuation: A Commentary[J], Accounting Horizons, 1999, 13:413—425.
37. C. Lee, J. Myers, B. Swaminathan, What is the Intrinsic Value of the Dow? [J], Journal of Finance, 1999, 54:1693—1741.
38. H. Manne, Mergers and the Market for Corporate Control[J], Journal of Political Economy, 1965, 73:110—120.
39. J. Mirrlees, The Optimal Structure of Incentives and Authority within an Organization[J], The Bell Journal of Economics, 1976, 7:105—131.
40. F. Modigliani, M. H. Miller, The Cost of Capital, Corporation Finance and the Theory of Investment[J], American Economic Review, 1958, 48:261—297.
41. K. J. Murphy, Corporate Performance and Managerial Remuneration: An Empirical Analysis[J], Journal of Accounting and Economics, 1985, 7:11—42.
42. K. J. Murphy, Executive Compensation[J], Working Paper, 1998.
43. J. Ohlson, Earnings, Book Values, and Dividends in Equity Valuation[J], Contemporary Accounting Research, 1995, 11:661—687.
44. S. A. Ross, The Determination of Financial Structure: The Incentive Signaling Approach[J], Bell Journal of Economics, 1977, 8:23—40.
45. S. A. Ross, The Economic Theory of Agency: The Principal's Problem[J], American Economic Review, 1973, 63:134—139.
46. C. Smith, R. Watts, The Investment Opportunity Set and Corporate Financing, Dividend, and Compensation Policies [J], Journal of Financial Economics,

1992, 32:263—292.
47. G. Stigler, The Economies of Scale[J], Journal of Law and Economics, 1958, 1:54—71.
48. R. Watts, Corporate Financial Statements, a Product of the Market and Political Processes[J], Australian Journal of Management, 1977, 2:53—75.
49. R. Watts, J. Zimmerman, Agency Problems, Auditing and the Theory of the Firm: Some Evidence [J], Journal of Law and Economics, 1983, 26:613—634.
50. R. Watts, J. Zimmerman, Positive Accounting Theory: A Ten-year Perspective [J], The Accounting Review, 1990, 65:131—156.
51. R. Watts, J. Zimmerman, Positive Accounting Theory [M], Prentice-Hall, 1986.
52. R. Watts, J. Zimmerman, The Demand for and Supply of Accounting Theories: The Market for Excuses[J], The Accounting Review, 1979, 54:273—305.
53. R. Watts, J. Zimmerman, Towards a Positive Theory of the Determination of Accounting Standards[J], The Accounting Review, 1978, 53:112—134.
54. J. Williams, The Theory of Investment Value [M], Harvard University Press, 1938.

第 2 章　资本市场会计信息作用的研究进展

本章主要内容包括：一是对关于会计信息估值作用的文献总结；二是对关于会计信息契约作用的文献总结；三是对关于两者之间关系的文献总结。

1　会计信息估值作用的研究

文献中估值模型有若干种，本书的研究设计将基于盈余估值模型的思想，利用盈余反映系数表示会计估值作用的大小，因此本节将针对有关盈余反映系数的研究进行较详细的回顾。对盈余反映系数的相关研究既有事件研究(event study)，也有关联研究(association study)，前者主要是为了说明盈余是否具有信息含量，而后者主要是为了说明会计信息是否反映了股价中所包含的部分信息且不强调因果关系，只强调相关性的存在(Collins, Kothari, 1989; Biddle, Seow, 1991)。本节的文献回顾主要是根据文献研究内容，不针对文献采用的是事件研究还是关联研究进行区分。

1.1　国外相关研究

Ball、Brown(1968)开创性地利用关联研究(association study)证明了会计信息捕捉到了当期股价变化所包含的部分信息，在这之后大量学者进行了类似的股价回报率—会计信息相关性研究，其中一个分支就是股价回报率—盈余研究,或者称之为盈余反映系数研究。盈余反映系数研究的一个重要目的是为了估值或是进行基本面分析,比较有代表性的文章包括较早期的 Kormendi, Lipe(1987), Easton, Zmijewski(1989), Collins, Kothari(1989),这三篇文章确立了盈余反映系数的四个影响因素。之后的进一步研究,包括 Biddle, Seow(1991), Anthony, Ramesh(1992),还有一些解释为何盈余反映系数较小的文献,包括 Beaver et al.(1980), Lev(1989), Hayn(1995), Collins et al.(1997);也有关于模型设定的文献,如 Beaver et al.(1979), Freeman, Tse(1992), Easton, Harris(1991), Kothari(1992), Warfield, Wild(1992), Kothari, Sloan(1992), Jacobson, Aaker(1993), Kothari, Zimmerman(1995)。

(1) 影响因素

Kormendi, Lipe(1987)是研究盈余反映系数较早的一篇文章,文章在承认盈余具有信息含量的基础上进一步关注盈余时间序列上的特征(earnings property)对股票回报—盈余之间相关关系的影响。文章假设股价等于股东对未来收益预期的现值,因此,公司股票回报对盈余创新(earnings innovation)的反应就应该跟盈余创新对股东未来期望收益的影响相关。文章结果表明,盈余持续性越强,即盈余创新对未来期望收益的影响越大,回报—盈余之间的相关关系就越大。Easton, Zmijewski(1989)也指出了盈余反映系数在截面上是应该有可预测的区别的。文章假设股价为预期股利的折现值,如果盈余信息将会导致市场对预期股利的修正,则股价就会对盈余信息有所反应,这种反应的大小取决于盈余信息对预期股利的修正程度的大小及折现率的大小,即在其他因素一定时,修正程度越大,盈余反映系数越大,折现率越大,盈余反映系数越小。文章结果表明,盈余持续性越强,盈余反映系数越大;企业系统性风险越大,盈余反映系数越小。Collins,

Kothari(1989)进一步研究造成盈余反映系数截面及时间序列差异的因素。文章认为,从时间上来说,无风险利率与盈余反映系数成负相关关系;从截面上来说,盈余反映系数与盈余持续性成正相关关系,而与公司的系统性风险成负相关关系。此外,文章还说明了盈余反映系数与盈余持续性不能完全捕捉的公司成长性(growth opportunities)成正相关关系。之后,在研究盈余反映系数时控制持续性(persistence)、风险(risk)、成长性(growth)几乎成了行业规范。另外,也有很多文献对其他影响因素进行了研究。①

Biddle,Seow(1991)研究了行业间盈余反映系数的不同,并且认为这种盈余反映系数行业间的差异跟行业进入壁垒(industry entry barriers)、产品类型(product type)、成长性、财务杠杆、经营杠杆等因素相关。文章基于Lev(1983)②关于进入壁垒、产品类型、竞争等因素与盈余时间序列自相关性的讨论,进一步指出盈余时间序列上的自相关性直接影响盈余持续性及盈余反映系数,从而使得各种经济因素对盈余反映系数产生影响。文章结果表明进入壁垒越高的行业盈余反映系数越大,非耐用品行业的盈余反映系数较大,成长性越大的行业盈余反映系数越大,财务杠杆系数与经营杠杆系数都与盈余反映系数成反比。Anthony,Ramesh(1992)引入了企业所处的生命周期(life cycle)及企业战略对盈余反映系数截面间差异的影响。文章认为不同会计指标

---

① 除综述中出现的 Biddle,Seow(1991),Anthony,Ramesh(1992)之外,还有 Ahmed(1994),Thomadakis(1976),Mandelker,Rhee(1984)等,可参考综述性文章 Kothari(2001)。

② Lev(1983)研究了企业的各种经济因素(economic factors)、所处环境与盈余特征(properties of earnings)的关系。文章说明了企业产品类型(product type,主要是指耐用品与非耐用品)、进入壁垒(barriers-to-entry)、企业规模(firm size)和资本强度(capital intensity)会影响盈余的时间序列特征。文章认为,相对于耐用品,市场对非耐用品的消费相对稳定,因此生产非耐用品的企业盈余波动性较小,时间序列上盈余的自相关性较强。处在竞争较激烈或者说进入壁垒较低的行业的企业,其盈余较易受冲击,从而使得盈余的自相关性较弱。

在企业的不同生命周期阶段有着不同的重要性,即会计指标在不同阶段有着不同的关于企业未来现金流的信息含量,从而使得盈余反映系数与企业所处的生命周期阶段相关。Rees,Thomas(2010)选取盈余公告为事件,以分析师盈余预测分散度代表投资者信念差异,利用事件研究法检验了公告前后投资者信念差异的变化与 ERC 的关系,研究发现公告日期间三天的 ERC 与投资者信念差异成负相关关系。[①] Nwaeze(2011)研究了公司盈余管理动机与 ERC 的关系,研究发现在控制了盈余质量等因素之后,公司盈余管理动机越强,ERC 越小,且这一结果随着机构投资者持股比例的增加而增强。这一结果表明了盈余管理动机是一个被投资者定价的盈余信息事前不确定性的独特来源。

(2)对估计值与理论值差距的解释

尽管有很多文章对盈余反映系数的影响因素进行了研究,但最终所有文章得出的盈余反映系数值都很小,大致范围处于 1—3 之间,而较合理的理论值为 8—20(Kothari,2001),估计值与理论值相差较远,因此有很多文献开始尝试对这一现象进行解释。Beaver et al.(1980)在股价的信息含量一文中提出"股价领先盈余假说"(prices lead earnings)来解释盈余反映系数估计值与理论值之间的差异。文章认为,股价中反映的信息要多于当期盈余中所包含的信息。在有效资本市场中,股价是对所有可得信息的及时反映,而盈余的产生要受制于收入成本确认原则等会计准则的制约,从而使得盈余对信息的反映要滞后于股价。股价包含关于未来盈余的信息,因此可以利用股价预计未来盈余。[②] Lev(1989)认为虽然模型设定与噪音交易(noise trading)也会导致盈余与股票回报之间关系较弱,但 GAAP 的低质量(low quality)对

---

① 相似研究还有 Diether,Malloy,Scherbina(2002)、Johnson(2004)。
② 关于"股价领先盈余"假设的研究还有 Collins et al.(1987、1994)、Beaver et al.(1987、1997)、Freeman(1987)、Collins,Kothari(1989)等。

盈余反映系数过小仍然有着不可忽视的责任。[①] Ramesh,Thiagarajan(1993)认为暂时项(transitory elements)的存在会导致低的盈余反映系数。[②] Collins et al.(1994)试图从盈余缺乏及时性、盈余中包含价值无关项等角度对低的盈余反映系数进行解释。文章认为由于会计准则中客观性、可验证性、稳健性等会计确认要求的限制使得会计盈余对经济事项确认不及时,表现出当期盈余与过去回报之间的正相关关系;会计盈余中的价值无关项假设是认为会计盈余中包含与企业价值无任何关系的噪音成分,这些噪音成分表现出在任何时期都与股票回报不相关。文章发现在当期回报—盈余回归中加入未来期盈余使得盈余对回报的解释力提高了3—6倍,从而说明盈余及时性的缺失是导致低盈余反映系数的主要原因。Hayn(1995)认为"亏损"(losses)的存在可以解释较低的盈余反映系数,因为股东有卖出选择权(put option),因此市场认为亏损是不可持续的,从而使得市场对"亏损"的定价与盈余本身并不成比例,表现出低的盈余反映系数。Collins(1997)在对过去40年中盈余与账面价值的价值相关性研究中发现盈余的价值相关性有所降低,而账面价值的价值相关性有所提高。文章认为,盈余中暂时项(nonrecurring items)报告频率的增加、负盈余(negative earnings)出现频率的增加以及无形资产密集型企业(intangible-intensive firms)的增加、小规模企业比重的增加可以解释盈余反映系数变小这一现象。

(3) 模型设定

除了以上这些文献,还有一些学者研究了有关盈余反映系数的模型设定问题。Beaver et al.(1979)的研究结果表明,异常回

[①] Lev 在一系列文章中都表达了类似的看法。如 Amir,Lev(1996),Aboody,Lev(1998),Lev,Sougiannis(1996)等。

[②] 关于暂时项对盈余反映系数影响的文献还有 Ramakrishnan,Thomas(1998),Elliott,Hanna(1996)等。

报(abnormal returns)与极端盈余变化(extreme earnings)之间的相关关系要小于异常回报与非极端盈余变化之间的相关关系,从而表现出盈余变化值与股票回报之间的非线性关系的存在。这是因为市场并不认为极端的盈余变化是可持续的,同时也说明盈余变化值大小与其可持续性之间的负相关关系。Freeman, Tse(1992)基于盈余变化值与可持续性之间的负相关关系发现了边际盈余反映系数递减。文章认为暂时项的持续性较差,其未预期变化值应该落在未预期盈余变化分布的尾部,而股价对持续性越低的盈余变化反映越小,因此使得未预期回报与未预期盈余之间呈现 S 型的非线性关系。[①] Easton, Harris(1991)研究了期初股价调整后的盈余水平值对盈余反映系数有无解释力。由于 Ball, Brown(1968)这篇开创性研究中对回报—盈余关系的研究使用的是未预期盈余,因此之后所有有关盈余反映系数的研究用的都是盈余变化值,该文正是在这样的背景下研究了盈余水平值对盈余反映系数是否有解释力。文章认为,在盈余反映系数的研究中,对盈余的计量除了有盈余变化值之外,还应该引入盈余水平值。文章结果表明,在控制了盈余变化值之后,加入的盈余水平值对股票回报有显著的解释力。Kothari(1992)研究了基于"股价领先盈余"假设下,在对盈余反映系数的研究中,盈余水平值与盈余变化值的使用。文章结果表明,相对于盈余变化值,利用盈余水平值的检验会带来更强的解释力及更小偏度的系数。[②] 此后,学者们大多开始利用盈余水平值进行回报—盈余关系的研究。Warfield, Wild(1992)认为由于会计准则对会计确认的要求使得盈余对经济事项的反映要滞后于股价,因此导致未来期的盈余对当期

---

① 关于回报—盈余之间非线性关系的文献还有 Cheng et al. (1992), Das, Lev(1994), Hayn(1995), Subramanyam(1996), Basu(1997), Beneish, Harvey(1998)。
② 关注在盈余反映系数中利用盈余水平值的文献还有 Biddle, Seow(1991), Ohlson, Shroff(1992), Ohlson(1991)。

回报具有解释力,当期盈余信息对上期回报有解释力,从而使得包括当期及未来期盈余变量的回报—盈余回归的解释力更强。Kothari,Sloan(1992)认为股价反映投资者对未来盈余预期的修正,而盈余信息由于受到会计准则的限制只能反映过去经济事项的后果,对未来盈余预期修正信息反映非常有限,盈余信息在滞后若干期之后最终能够反映出当时市场对未来预期的修正,可以称为股价变动预测盈余变动,或股价领先盈余。因此,文章发现当期盈余对过去若干期的回报有解释力,在当期回报—盈余回归中加入过去期回报时会大大提高解释力,这个结论也证明了"股价领先盈余"假设。Jacobson,Aaker(1993)的研究在回报—盈余的回归中另外加入了未来一期盈余变量来反映股价中包含的对未来的预期信息,结果表明未来期盈余对回报有显著解释力且当期盈余信息对过去期回报有解释力。[1] Kothari,Zimmerman(1995)分析了盈余反映系数研究中股价模型与回报模型的利弊。回报模型是指回报对各种形式盈余变量的回归,股价模型指的是股价对每股盈余的回归。文章认为,股价模型优于回报模型在于它能够带来非偏系数,但缺点是它有着严重的计量问题。因此,两种模型可以同时使用。

  这里需要说明的是,上述对会计盈余估值作用的综述虽然是分了几块进行的,但这并不代表这些文献之间就是独立的。事实上,这些分类只是为了更有条理地进行文献梳理,但文献本身的内容是交叉在各个小类中的。如对盈余反映系数较小的估计值试图进行解释的文献往往就会涉及模型的设定(如 Easton,Harris,1991;Collins et al.,1994),因为作者需要通过转变模型设定来验证自己提出的原因是否可行及借此提出能提高盈余反映系

---

[1] 关于盈余反映系数回归窗口的文献还有 Fama(1990),Schwert(1990),Easton et al.(1992),Kothari,Shanken(1992),Kothari(2001)。

数估计值的模型。

综上,从 Ball,Brown 开始,学者们开始对会计盈余信息含量、会计盈余对股票回报的解释力进行了越来越细致的研究。由一开始 Ball,Brown(1968)只关注"符号"的研究到关注"量"的研究(Beaver et al.,1979),再到解释为何实证发现的盈余反映系数估计值都远小于理论值。与此同时,学者们对模型设定进行不断改进,希望证明自己提出的解释理由可行性的同时提出能带来更准确、更大盈余反映系数估计值的模型,如盈余反映系数模型由最初的异常回报对未预期盈余的回归转变到后期对盈余水平值的回归。

1.2 国内相关研究

我国学者针对我国资本市场的会计信息价值相关性也进行了一系列的研究。赵宇龙(1998)是研究会计信息价值相关性较早的一篇文章,文章发现未预期盈余与股票异常回报的符号之间存在显著相关性,从而支持会计盈余具有信息含量这一假说。陈晓、陈小悦、刘钊(1999)研究了我国 A 股市场盈余报告的有用性,结果表明 A 股市场盈余具有很强的信息含量。孙铮、李增泉(2001)研究了各收益指标的价值相关性,文章利用股票回报对各收益指标的回归,发现经济收益指标(剩余收益 RI、经济增加值 EVA 以及修正的经济增加值 REVA)的价值相关性强于会计收益(经营活动的现金流量 CFO 以及会计盈余 AE)的价值相关性。薛爽(2002)研究了亏损公司股票价格的确定,文章利用股价对每股盈余的回归,发现会计盈余与亏损公司股价正相关,但进一步控制了公司规模和流通股比例并考虑权益账面价值对股价的影响后,相关关系不再显著;权益账面价值与亏损公司股价存在显著的正相关关系。柳木华(2004)比较了各盈利指标之间的价值相关性,发现价值相关性从大到小依次为净利润、营业利润和经营现金流量,且两两之间差异显著。孟焰、袁淳(2005)研究了亏损上市公司会计盈余价值相关性,文章利用股价对每股盈余的回归,发现亏损公司会计盈余价值相关性要明显弱于盈利公司;也发现净资产变量的价值相关性同样偏弱。朱松(2006)研究了最终控制人特征与盈余信息含量的关系,发现最终控制人的控制权比例与会计盈余信息含量之间显著正相关;现金流权与控制权的背离程度越高,盈余的信息含量越低;最终控制人对上市公司的控制链越长,对非国有企业,盈余信息含量越低,对国有企业,盈余信息含量越高。张国清、夏立军、方轶强(2006)研究了沪深两市上市公司会计盈余及其组成部分的价值相关性,文章利用累计异常回报对净利润、现金流、应计项等的回归,发现经营活动现金流与净利润互相具有信息增量,操纵性应计和非操纵性应计被证券市场定价了,在经营活动现金流之外具有增量信息,改进了净利润解释股票回报的能力。于鹏(2007)研究了 IPO 公司预测盈利的价值相关性,文章利用股价对盈利预测及每股净资产的检验,发现我国 IPO 公司的预测盈利具有价值相关性,且该价值相关性受到预测盈利的准确性、预测盈利的披露方式、IPO 公司的规模以及股权流动性程度的影响。罗婷、薛健、张海燕(2008)研究了新准则对会计信息价值相关性的影响,发现新准则下会计信息总体价值相关性显著提高,并且受新准则影响部分的价值相关性改善程度要显著好于不受影响的部分。陆正飞、张会丽(2009)研究了 2007 年新准则下合并报表净利润与母公司报表净利润之间的差异的信息含量,发现在新准则下该差异的决策相关性显著提高,并能提供合并报表净利润之外的增量信息含量。王鹏、陈武朝(2009)研究了我国上市公司合并财务报表的价值相关性问题,文章基于股价对每股净资产及每股盈余的检验,发现合并财务报表并不在所有样本期间都比母公司个别财务报表更具有价值相关性,还发现基于主体理论编制的合并财务报表比基于母公司理论编制的合并财务报表更具价值相关性。刘永泽,孙蔓(2011)研究了2007年新准则公允价值信息的价值相关性,发现上市公司披露的与公允价值相关的信息具有一定的价值相关性,新准则提升了会计报告的信息含量。

与国外研究相比,我国学者的研究更加偏重于实际应用,即利用国外已有的较成熟的价值相关性模型对我国资本市场中各种背景下的会计信息的价值相关性进行研究,而没有过多的就价值相关性理论或模型设定的研究。

2 会计信息激励作用的研究

会计信息扮演的另一重要角色是其在企业契约中的使用,即会计信息是有效企业组织的一部分,可以降低企业的契约成本,会计信息在高管薪酬契约中的使用就是其中一个重要分支。简单来说,会计信息薪酬契约作用就是股东在薪酬契约中利用会计信息对高管进行激励。一般来说程序如下:首先股东与高管签订一份契约,该契约中高管的薪酬将与企业会计产出挂钩,然后高管选择一个行动(或者说努力程度),该行动会带来一个会计产出,股东根据薪酬契约与该会计产出对高管进行补偿。这样一个看似简单的过程实际操作却相当复杂,主要表现在股东与高管所签订的这份契约中具体使用什么样的会计信息及怎样使用才能使得激励效率达到最大。学术界有着大量关于高管薪酬的研究,这些研究中既有从理论上加以讨论的,如 Holmstrom(1979),Holmstrom, Milgrom (1987), Banker, Datar (1989), Lambert(2001)等,也有从实证角度加以分析的,如 Jensen, Murphy(1990), Murphy(1985), Baker, Hall(1998), Indjejikian(1999)等;有关注薪酬契约对高管行为影响的研究,如 Healy(1985),Holthausen et al. (1995), Larcker(1983)等,还有针对薪酬契约影响因素等其他问题进行研究的,本段将对此类有关会计信息薪酬契约作用的文献作个梳理。

2.1 国外相关研究

(1) 理论研究

Holmstrom(1979)在委托—代理框架下讨论了薪酬契约中信息的有用性。① 文章假设委托人风险厌恶,委托人的努力程度不能被直接观测到,而产出可以被观测,存在道德风险,则只依赖产出对高管进行激励的薪酬契约不能达到最优(first-best solution),而只能达到次优(second-best solution)。因此对高管行为的直接观测会带来收益,在高管行为没法被直接观测到的情况下,在契约中再加入其他信息以改进契约效率就成了自然选择。文章因此而引出了"信息含量条件"(informativeness condition),即什么时候额外信息的加入是有价值的。文章认为只要某个变量含有一些没有被已有变量所包含的关于努力程度的信息,即契约中其他已有变量没有能够完全包括该变量所包含的关于努力程度的信息,则该变量的加入就是有价值的。因此这篇文献明确了什么时候契约中加入的某个额外信息是有价值的。Holmstrom, Milgrom(1987)引入了LEN(linear-exponential-normal)框架来构造可解的委托—代理模型下的薪酬契约问题。LEN框架假设薪酬契约是线性的、业绩衡量指标是正态分布的以及代理人的效用函数是负指数效应函数;LEN框架不仅可以解决单期—单行动模型,也可以解决多期—多行动模型;文章还说明了线性契约的可行性。Banker,Datar(1989)将薪酬契约构建分成两步:一是构建契约中的整合业绩衡量指标(aggregate performance measure),二是构建利用该衡量指标的薪酬契约。文章认为在多数情况下,整合

---

① 同类研究还有 Ross(1973),Mirrlees(1976),Harris, Raviv(1979)等。

业绩衡量指标可以是各单个业绩指标的线性整合。① 文章还进一步分析了各单个衡量指标在整合中被赋予的权重大小,认为衡量指标被赋予的相对权重大小取决于该指标对高管努力程度的敏感度及自身精确度。因此文章在 Holmstrom(1979)的基础上进一步解决了信息的权重大小问题。Lambert(2001)进一步讨论了契约中信号的"减少噪音"(Holmstrom,1982)作用。即使某个信号对于高管的努力程度敏感度为零,但该信号与契约中的其他信号相关,那么该信号也可以出现在契约中,只要该信号的加入可以消除其他信号在衡量高管努力程度上的噪音。文章将其与"可控性"(controllability)原则相联系,即通常所认为的用来衡量高管的业绩指标应当是高管可以加以控制的,简单来说就是高管的努力程度可以影响该指标的概率分布,但可控的指标对于契约未必是有价值的(即 Holmstrom(1979)的研究,如果该指标没有关于高管努力程度的增量信息,则该指标是没有价值的);另一方面,不可控的指标对于契约未必是没有价值的(即文章所强调的该指标可以减少其他指标在衡量高管努力程度时的噪音)。

(2) 现实证据

上述理论研究结果表明高管薪酬契约应该基于企业业绩指标,一些实证研究也提供了证据表明业绩指标与薪酬之间确实存在相关关系。Jensen,Murphy(1990)关注薪酬绩效敏感度,文章直接检验了高管薪酬变化对股东财富变化的敏感度,结果发现股东财富变化 1000 美元对应高管薪酬变化 3.25 美元,因此这样的激励太小而不足以促使高管努力工作。文章同时也指出不考虑潜在的对薪酬绩效敏感度产生影响的经济因素而直接对敏感度大小作出评价是很难的。Murphy(1985)针对一些杂志认为薪酬

---

① 这里的线性指的是各个业绩衡量指标线性整合成一个总的业绩衡量指标,并不意味着契约与整合后的业绩衡量指标之间是线性关系。实际上,Holmstrom, Milgrom (1987)为了构造可解的代理模型而提出了线性契约假设。

与业绩之间没有关系的说法,重新检验了两者之间的关系,结果表明企业业绩与薪酬之间存在显著的正相关关系且企业销售增长率也与薪酬之间存在显著的关系,但需要注意的是这篇文章的业绩指标用的是股票回报这一市场指标而非会计指标,同时还说明企业规模(size)是决定高管薪酬的一个重要因素。Baker,Hall(1998)对 Jensen,Murphy(1990)作出回应,提出怎么才能恰当地衡量企业对高管的激励。文章质疑在没有考虑高管努力边际产出的情况下,Jensen,Murphy(1990)中的薪酬绩效敏感度指标是否能够合理度量企业对高管的激励力度。文章认为由于高管努力的边际产出是随着企业规模递增的,因此在大规模企业中较低的薪酬绩效敏感度不一定意味着低的激励力度。高管实际的激励力度理论上应该等于 Jensen,Murphy(1990)中的薪酬绩效敏感度乘以高管努力程度边际产出。这篇文章意味着要区分薪酬绩效敏感度与薪酬努力敏感度。Indjejikian(1999)在一篇评论文章中提到会计指标作为薪酬契约中的业绩衡量指标的优缺点。优点包括:首先,会计指标受到会计准则的约束且需要经过审计,因此相对来说比较可靠;其次,委托人能够理解他们的行动将怎样影响会计指标,因此相对来说易理解。缺点包括:首先,正是因为易理解,使得会计指标易操纵;其次,受到会计准则的约束也使得会计指标不能及时反映委托人的行为后果。另外,会计盈余通常被用在红利计划与长期业绩计划中。

(3)指标及权重研究

有文献关注薪酬契约中会计指标与市场指标的运用权重。如 Lambert,Larker(1987)研究了企业高管薪酬契约中基于市场的指标与基于会计的指标的运用权重问题。文章认为企业薪酬契约是内生变量,它受到高管特征、企业自身特征及企业所处环境等外在因素的影响,因此利用 Holmstrom(1979)的委托代理模型提供了一个可以控制这些"其他因素"的结构,之后再对市场指标与会计指标相对权重进行了研究。文章基于以前文献关于指标权重与该指标的敏感度及精确度有关的结论,进一步检验了市场指标与会计指标在契约中的权重是否跟它们对高管努力程度的敏感度及自身的精确度相关。文章发现当相对于市场指标,会计指标方差更大以及企业在资产及销售上有着高增长率时,在现金薪酬中,企业会赋予市场指标更多的权重,而赋予会计指标更少的权重;此外,当市场指标在高管财富的其他部分中越重要时,在现金薪酬中相对于会计指标,市场指标就被赋予越低的权重。Sloan(1993)研究了会计盈余在高管薪酬契约中的作用,以此希望能够解释为何现实中薪酬契约同时使用基于股价与基于会计的指标。文章认为会计盈余反映公司自身带来的价值的变化,对市场波动导致的权益价值的变化不敏感,因此,薪酬契约中包含会计盈余可以帮助高管规避其所不能控制的企业价值波动对其薪酬的影响。即文章认为盈余在高管激励契约中广泛存在的一个主要原因就是它反映的大多是管理者可控的因素,从而可以规避基于股价指标的不可控的市场风险。同时,文章还表明可以以此来解释契约中盈余指标使用上的截面差异。Bushman, Indjejikian(1993)研究了"会计盈余信息含量"(information content of accounting earning)对基于盈余及股价指标的薪酬契约设计的影响,以此研究不同盈余信息含量下会计盈余的契约作用。文章引入高管实施两个行动,研究了会计盈余两种信息含量情况:一是当会计盈余与股价含有关于企业产出的同样的信息,即股价与盈余都是关于企业产出的非最优衡量指标;二是会计盈余只反映部分股价所含信息。研究结果发现盈余信息含量的不同会影响盈余在解决代理问题中的角色,具体表现为当盈余与股价含有相同信息时,盈余的契约作用表现为去除衡量指标中与产出不相关的噪音;当盈余只反映部分股价所含信息时,除了去除不相关噪音外,盈余还可以使股东更好地平衡对高管不同行动的激励以及去除衡量指标中高管不可控因素风险。①

（4）对高管行为的影响

另外一些文献研究了基于会计信息的薪酬契约对高管行为的影响。Healy(1985)研究了基于会计指标的红利计划对高管操纵盈余行为的影响,指出高管薪酬计划组成中的红利计划及长期业绩计划是基于会计盈余指标的,其中红利计划是基于每年指标而实施的。由于这两个计划同时影响到管理者对盈余的操纵,因此文章只关注那些只有红利计划与盈余挂钩的企业。文章发现红利计划实施中的上下限的设置影响了高管对会计应计的操纵,当盈余处于上下限范围内的时候,高管会选择提高盈余;当盈余不在上下限范围内时,高管会选择降低盈余,将盈余推迟到以后各期以达到最大化红利的目的。这表明薪酬激励契约确实影响了高管的行为,虽然这个行为不是股东所希望的。Holthausen et al.(1995)利用机密的高管短期红利计划数据,研究高管是否操纵盈余以最大化自己的红利收入现值,因此该研究可以看成是Healy(1985)的延续。与 Healy(1985)的发现一致的是,该研究同样也发现当红利额度达到上限时高管会向下调整盈余,从而将多余的盈余保存到下期;但与 Healy(1985)不同的是该研究未发现当盈余没有达到红利计划的下限时,高管下调盈余的证据。Healy(1995)与 Holthausen et al.(1995)在说明薪酬契约对高管会计行为影响的同时也说明了薪酬—业绩之间非线性关系的存在。

另外,还有文献研究了企业投资机会对薪酬契约的影响。Smith、Watts(1992)研究企业自身特征对企业政策的影响,具体包括投资机会、监管、税收等企业特征对股利、薪酬契约等企业政策的影响。文章基于行业层面的研究发现当企业有着更多的增长

---

① 还有一些文献涉及多行动模型,如 Holmstrom、Milgrom(1991),Baker(1992),Feltham、Xie(1994),Paul(1992)等。

机会时，企业会有着更高的高管薪酬及更多的使用股票期权计划；受监管企业有着更低的高管薪酬及更少的使用股票期权计划与红利计划；同时，越大规模的企业有着越高的高管薪酬。文章认为，投资机会越大的企业，股东越不容易观察到高管的努力程度，因此需要更多地采用激励契约，可以是基于市场指标的或者是基于会计指标的；然而，投资机会大的企业中，基于会计的指标不能很好地反映管理层的努力程度或者说不能很好地反映高管当期行动的结果，因此只能说投资机会大的企业会更多使用基于市场指标的激励契约，但是否更多运用基于会计指标的激励契约却是个实证问题。文章从契约理论、税收理论和信号理论三个方面预测企业特征对企业政策的影响，研究结果支持契约解释。文章认为，企业自身特征影响支配组成企业各方之间的契约关系，同时也决定了包括薪酬契约在内的企业政策。Gaver, Gaver(1993)在 Smith, Watts(1992)的基础上进一步从公司层面上研究了投资机会对薪酬契约的影响。文章根据投资机会分离出成长性企业与非成长性企业，发现不同成长性企业的高管薪酬契约的不同。较之非成长性企业，成长性企业给高管更多的现金补偿且有着更多的股票期权计划；红利计划、业绩计划和限制性股票期权计划在控制公司规模之后，成长性企业与非成长性企业之间没有区别。Baber et al. (1996)进一步研究投资机会对企业薪酬契约的影响，发现投资机会越大的企业，薪酬与业绩指标的相关度越高；投资机会大的企业会更多使用基于市场的指标作为激励契约的基础。文章进一步支持了 Smith, Watts(1992)的观点。

综上，国外对有关激励作用的研究由早期的理论上的架构发展到了后期实证上的检验及细化。早期理论上探讨什么样的信息对于薪酬激励契约是有价值的，之后有对具体指标的运用以及指标权重的研究，再到后来激励契约对高管行为的影响以及具体企业特征对高管激励契约设计的影响等，由此可见，国外的研究相对来说是很系统的。以上对文献所作的分类纯粹是为了更清楚地梳理文献,并不意味着每一类文献在内容上是独立的。

2.2 国内相关研究

我国学者利用中国资本市场数据对上市公司会计信息激励作用进行了研究,部分学者对高管薪酬与上市公司的经营绩效之间是否存在关系进行了研究。

李增泉(2000)发现我国上市公司经理人员的年度报酬与企业绩效并不相关,而是与企业规模、所处地区相关,文章利用加权平均的净资产收益率作为会计业绩衡量指标。魏刚(2000)考察了公司经营绩效与高级管理人员激励之间的关系,并没有发现高级管理人员年度报酬与公司绩效之间存在显著的正相关关系,而是与企业规模之间存在显著的正相关关系,文章同样是使用加权平均的净资产收益率表示企业会计业绩。张俊瑞等(2003)对我国上市公司高级管理人员的薪酬、持股等激励手段与企业经营绩效之间的相关性进行了研究,发现高管薪酬与公司绩效之间存在显著的正相关关系。宋德舜(2004)对国企的研究表明国企高管的金钱激励并没有效果,而政治激励也只对董事长能起到作用。杜胜利、翟艳玲(2005)对可能影响上市公司总经理年度报酬的因素进行了研究,结果发现公司绩效与总经理报酬呈正相关关系,其中公司业绩以全面摊薄的净资产收益率表示。纪晓丽(2006)对民营上市公司管理层激励与公司绩效的研究发现高管薪酬与公司绩效水平呈现显著的正相关关系。潘飞、石美娟、童卫华(2006)对当时高管激励契约的现状及存在的问题进行了分析,发现上市公司中存在高管自定薪酬现象;高管薪酬契约中主要依赖财务指标进行激励,如净利润、利润总额、净资产收益率等,而非财务指标与主观评价指标不多用。杜兴强、王丽华(2007)研究了上市公司高层管理的薪酬激励特别是现金薪酬与上市公司业绩之间的相关性,结果发现上市公司高层管理当局薪酬与公司会计业绩指标即 ROA 与 ROE 的变化成正相关关系;相对于股东财富指标,公司董事会或薪酬委员会在决定高层管理当局薪酬时更青睐于会计盈余指标的变化。

也有学者对影响高管薪酬敏感度的因素进行了研究:谌新民、刘善敏(2003)研究了上市公司经营者的任职状况、报酬结构与企业绩效之间的关系,发现公司的资产规模、行业特性、区域范围、股权结构影响经营者的薪酬及经营绩效。肖继辉、彭文平(2004)研究发现收益波动、公司财务杠杆、公司规模、董事会治理、大股东治理对薪酬业绩敏感性没有影响,而总经理的双重身份及其在董事会中任期对薪酬敏感性有显著影响,且公司业绩变好时薪酬敏感度增加,业绩下滑时业绩敏感度减小。张必武、石金涛(2005)研究发现独立董事比例、薪酬委员会设置及两职合一对高管薪酬水平有显著正面影响,且独立董事制度及两职合一显著提高了薪酬敏感度。毕晓方、周晓苏(2007)研究发现上市公司的低盈余质量对薪酬敏感度有负面影响。刘凤委、孙铮和李增泉(2007)认为政府干预和竞争环境导致高激励强度的薪酬契约并非最优,政府干预越多,会计业绩衡量指标作用越小;外部竞争程度越低,会计业绩与经营者的奖惩关系越小。方军雄(2009)研究发现随着我国薪酬制度改革的深入,我国上市公司高管的薪酬与企业业绩呈现出显著正向关系;但高管薪酬存在不对称的粘性,具体表现为业绩上升时薪酬的增加幅度要高于业绩下降时薪酬的减少幅度,且这种现象在民营企业、中央政府控制的企业中较少,同时发现董事会的独立性也有助于降低薪酬粘性。吴育辉、吴世农(2010)研究了高管薪酬与公司绩效、高管控制权、政府管制及代理成本之间的关系。研究发现高管薪酬仅与 ROA 显著正相关,但与资产获现率(经营净现金/总资产)及股票收益率没有显著的正相关关系;高管的薪酬水平随着其控制权的增加而显著提高;对比国有公司,非国有公司的高管更容易利用其控制权来提高自身的薪酬水平;高管高薪并未有效降低公司的代理成本,反而提高了代理成本。研究结果证实了我国上市公司的高管在其薪酬制定中存在明显的自利行为,且这种自利行为降低或者消除了薪酬的激励作用。卢锐、柳建华、许宁(2011)实证检验了内部控制质量与高管薪酬业绩敏感性之间的关系。研究发现内部控制质量越高的公司,其管理层薪酬业绩的敏感度也越高,而且相对于非国有控股的上市公司,国有控股上市公司的内部控制质量和薪酬业绩敏感度之间的协同性更加显著。进一步研究显示,随着时间的推进,上市公司内部控制质量与高管的薪酬业绩敏感性关系更为密切。陈运森、谢德仁(2012)利用社会网络分析方法,检验了独立董事的网络特征对其发挥促进高管激励有效性的影响的作用机理。研究发现,公司独立董事网络中心度越高,高管薪酬—业绩敏感性越强;与非国有上市公司相比,国有上市公司中独立董事网络中心度与高管薪酬—业绩敏感性的正相关关系更弱;进一步的研究发现用独立董事网络中心度解释的高管薪酬部分对未来业绩有促进作用。张敏、王成方、刘慧龙(2013)研究了冗员负担对高管激励机制的影响。研究发现,在国有企业中,冗员负担显著降低了高管的薪酬与企业业绩之间的敏感性,加剧了薪酬的"粘性程度",促使高管进行了更多的在职消费;但没有证据表明在非国有企业中存在上述现象。

可以看到,相对于外国的研究,中国学者的研究偏向于实践检验,没有很多理论上的讨论。中国资本市场下上市公司会计盈余激励作用的研究结果更为多样化,早期的研究如魏刚(2000)、李增泉(2000)未能发现高管薪酬与企业会计业绩之间存在显著的正相关关系,但随着我国薪酬制度的改革,后期越来越多的文献如杜胜利、翟艳玲(2005),杜兴强、王丽华(2007)表明这一关系开始出现,同时学者们也对影响会计业绩与薪酬之间关系的各种外生因素进行了探讨。

3 会计信息估值作用与激励作用的相互关系

会计信息的估值作用与激励作用是较为公认的会计信息的两大主要作用,对其相互关系的研究主要有 Paul(1992),Lambert(2001),Bushman et al.(2006),Banker et al.(2009)。除此之外,Gjesdal(1981),Lambert(1993),Bushman,Smith(2001),Kothari(2001),Banker et al.(2010)等文献中也有一些相关的讨论。

3.1 解析角度

Paul(1992)试图解释为什么实证中发现薪酬主要取决于会计信息而不是股价信息。他认为,薪酬激励关注指标对管理者无法直接观测到的努力程度的反映,而股价关注指标对未来收益的不确定性程度的降低;薪酬激励要求指标能够反映出管理者对企业的增量价值,而股价反映的是企业当下的总价值。一个对估值没有作用的指标可能会对薪酬激励有作用,只要这个指标能够对反映高管的努力程度有增量信息。之后文章用解析的方式阐述了直接基于信号的薪酬激励中激励指标的权重形成过程,之后同样是用解析的方式阐述了基于股价的薪酬激励中指标权重的形成过程(因为股价是基于信号的,因此基于股价的薪酬激励契约相当于间接基于信号的薪酬契约)。这里的信号可以理解成某些公共的信息如会计报告中的信息,也可以理解成某些被观察到的私有信息。如果我们将这个信号理解成会计信息的话,那么从这两个解析过程可以非常清楚地看到会计信息在薪酬激励中与形成股价中的不同的归集方式,解析结果表明了会计信息的估值作用与激励作用是相互独立的。Paul(1992)是较早的由模型角度表明会计信息激励作用与估值作用之间相互独立的文章,为之后的继续研究奠定了基础。

Lambert(2001)在"契约理论与会计"的综述中有一小节专门讨论了会计信息估值作用与激励作用之间的关系。该文提到对企业估值不等同于评价高管对企业的贡献。文章基于市场能够准确预期到管理者的行为的假设展开了讨论,认为此时会计信息对于修正市场对与高管行为相关部分的产出的预期没有作用,而仅仅是帮助市场修正对于扰动产出项的预期,因此此时会计指标在估值作用中最重要的是"相关性"(correlation),这涉及产出与会计信息的扰动项。而在激励契约中会计指标的权重设计要达到"一致性"(congruity)即通过设计激励契约中会计指标的权重 β_i 使得企业产出与业绩衡量指标之间达到一致性,这一权重与会计指标对努力程度的敏感度相关。[①] 然而文章也提到了这一结果是基于市场能够准确预期到高管行为这样一个较强的假设,但在一个更一般的模型中,市场对于高管采取何种行为存在不确定性,比如高管拥有对自己行为后果或者自身才能的私有信息,此时会计信息不仅可以帮助市场修正对于扰动产出项的预期,也可以帮助市场修正对于与高管行为相关产出的预期,从而使得会计信息在估值作用中的权重与其在激励契约中的权重更加接近。因此可以看出,作者认为如果放松某些较强的前提假设,是有可能建立起会计信息激励作用与估值作用之间的相互关系的。

3.2 实证角度

Bushman et al.(2006)和 Banker et al.(2009)两篇文章都是从实证的角度证明了会计信息估值作用与激励作用之间存在正向关系。需要说明的是,Paul(1992)的解析模型只是说明信号可以被理解成会计信息,没有具体说明是哪种或哪类会计信息;而 Bushman et al.(2006)和 Banker et al.(2009)两篇文章都将会计信息具体成

---

① 详见 Lambert(2001)。

了会计盈余,后者还将其具体化成现金流,即两篇文章都对会计盈余估值作用与契约激励作用之间的相互关系展开了研究。

Bushman et al.(2006)的实证结果表明,盈余的薪酬激励作用与估值作用之间存在显著的正向关系,文章并没有从理论上多加讨论为何会有正相关关系的存在,而是给出了两个能够解释正向关系的模型。第一个模型中会计盈余两个作用正相关是因为薪酬激励契约中对会计信息赋予的权重考虑了其估值作用的大小,以此来内化高管当期行为所带来的在当期盈余中无法反映的多期效应;第二个模型是将努力程度所带来的边际真实产出与边际盈余设计成两个具有正向关系的随机变量。在这样的设计下会计信息估值作用与契约激励作用都依赖边际盈余与边际产出之间的相关关系,从而建立了估值作用与契约激励作用之间的正向关系。Bushmann et al.(2006)虽然通过模型建立起了正相关关系,从而解释了其实证结果,但作者也指出盈余的估值作用与激励作用均为内生变量,两者同时受一系列外生变量的影响,因此很难清晰地建立两者之间的关系。

Banker et al.(2009)是另外一篇从实证角度对盈余估值作用与激励作用之间相互关系进行研究的文章。与 Bushman et al.(2006)不同的是,该文还研究了现金流的估值作用与激励作用之间的关系,同时给出了盈余与现金流的估值作用与激励作用随着时间的变化。文章发现盈余与现金流的估值作用与激励作用之间都存在显著的正向关系,且在 1993—1997 时间段与 1998—2003 时间段,现金流的估值作用、激励作用都有所提高,而盈余的这两个作用都有所降低。与 Bushman et al.(2006)一样,Banker et al.(2009)也没有从理论上对盈余这两个作用之间的正相关关系加以解释,也是给出了一个模型从类似解析的角度加以说明。Banker et al.(2009)认为,业绩指标的价值相关性与激励作用之间的相互关系是基于特定公司背景特征的,不是一概而论的。作者指出,会计盈余的估值作用与激励作用都是内生于一系列公司外生特征变量之上的，某些特征变量的变动会同方向影响会计信息的估值作用与激励作用，从而使得两个作用之间呈现正向关系；而有些特征变量的变动会反方向影响会计信息的估值作用与激励作用，从而使得两个作用之间呈现负向关系。换句话说，如果作为研究对象的公司样本之间主要的差异特征对估值作用与激励作用有着反向的影响，则会发现估值作用与激励作用之间的负向关系；如果作为研究对象的公司样本之间主要的差异特征对估值作用与激励作用有着同向的影响，则会发现估值作用与激励作用之间的正向关系。作者构建了一个两行动、两信号的委托代理模型来说明当与产出相关的噪音与信号引入的噪音比较小时，信号的估值权重与激励权重比较大；当这些噪音增加时会导致盈余与现金流的估值权重与激励权重同时降低，因此显示出了盈余与现金流的估值作用与激励作用之间的正向关系。

以上这四篇文献都较为系统地研究了会计信息估值作用与契约激励作用之间的相关关系，其中 Bushman et al.(2006)和 Banker et al.(2009)是针对会计盈余估值作用与激励作用之间相互关系的实证研究。除了这几篇主要文献之外，还有一些文献也涉及对会计信息估值作用与激励作用之间相互关系的讨论。

3.3 其他相关讨论

Gjesdal(1981)考虑了会计信息的不同用处，指出信息系统的排名在基于激励作用时与基于估值作用时不一定要一致，从而表明信息基于激励作用时的最优权重不一定要与基于估值作用时的权重保持一致。Lambert(1993)在对三篇基于会计信息及股价信息的薪酬契约的文献进行讨论时提到对一个企业进行估值并不等同于评价一个管理者对企业的贡献。Bushman,Smith(2001)在关于"财务会计信息与公司治理"的综述中也有一些会计信息估值作用与激励作用之间相互关系的讨论。文章预期会计信息的估值作用与激励作用之间存在正相关的关系,理由是:假设其他条件一定,当努力程度的边际产出增大的时候,委托人很自然地希望管理者能够更努力,因此在设计薪酬契约时,如果努力程度的边际产出增大,委托人就会提高盈余在薪酬契约中的权重;另一方面,公司的股价内化了盈余信息所包含的所有估值意义,而盈余是取决于高管行为的,所以盈余信息在估值中的权重可能反映了市场对于高管努力程度边际产出的预期。因此,可以预期到盈余信息估值作用与激励作用之间由于努力程度边际产出而可能带来的正向关系。Kothari(2001)在"会计资本市场研究"的综述中也有一些对会计信息估值作用与激励作用之间相互关系的讨论。文章指出,资本市场研究通常认为会计信息具有估值作用与激励作用,估值作用下的业绩衡量指标表明公司经济收益或股东财富的变化,激励作用下的业绩衡量指标表明一段时期内高管努力所带来的增量价值。文章预期估值作用下的业绩衡量指标与激励作用下的业绩衡量指标具有正向关系,但并不认为两者是一样的。严格来说,Kothari(2001)并没有讨论会计信息估值权重与激励权重之间的关系,而是讨论在估值中与激励契约中所使用的会计指标的关系。Banker et al.(2010)将 ROA 进一步分解成边际收益率与资产周转率,研究不同部分驱动下的 ROA 对 ROA 的估值作用与激励作用的影响,从而间接研究 ROA 的估值作用与激励作用之间的关系。文章发现,边际收益率比重越大,ROA 持续性越强,ROA 的激励作用越大,估值作用也越大,从而得出 ROA 的估值作用与激励作用之间存在正向关系。

以上是一些对会计信息估值作用与激励作用之间相互关系进行专门研究或有相关讨论的文献。此类文献并不多,也没有对这个问题作出很清晰的解释。Paul(1992)利用解析过程给出了会计信息估值作用与激励作用大小表达式,且结果表明这两个作用之间是相互独立的。此后,实证研究以该结果为原假设,利用资本市场的数据对这一问题进行实证检验,如 Bushman et al.(2006)和 Banker et al.(2009)。这两篇基于美国资本市场的实证研究表明会计盈余的估值作用与激励作用之间存在显著的正向关系,然而两篇文章都没有从理论上详细分析为何会有此正向关系的存在,而是对 Paul(1992)的解析模型加以修改或是另外提出一类模型来支持自己的实证结果。Banker et al.(2010)这篇工作论文则避开了直接对会计盈余两个作用之间相互关系的研究,转而通过研究 ROA 分解后的两个组成部分对 ROA 持续性的不同影响,以及由此而导致的对 ROA 估值作用与激励作用的影响来间接讨论会计盈余估值作用与激励作用之间的相互关系。另外的几篇文献中都或多或少地提及了会计信息的估值作用与激励作用之间的关系,大多都是作者自身对这个问题的直观感觉或者是基于类似 Paul(1992)模型的一个讨论。因此不难看出,关于会计信息两大作用之间是否存在某种关系这一问题并没有得到很好的解决,这主要是因为这一问题本身的复杂性,正如 Bushman et al.(2006)所提及的会计信息的两大作用本身各自都是一个内生变量,两者都受到很多外在变量的影响,因此研究这两个内生变量之间的相互关系既要全面考虑所有外在变量对这两个作用的影响,还要考虑它们对两者之间相互关系的影响,这就不难理解 Banker et al.(2009)所提出的会计信息估值作用与激励作用之间的相互关系是"基于特定背景的"(context-specific)这一看法了。尽管文献的理论解释都不是很详尽,模型也有很多较强的前提假设,但还是可以看到,文献认为会计信息估值作用与激励作用之间的关系大致上分两种,即相互独立或存在正向关系。

迄今为止,似乎还没有学者就中国资本市场下的这一问题进行研究,这也是促成本书研究的一个原因。

4 本章小结

本章分别对有关会计信息估值作用、会计信息激励作用及会计信息这两个作用之间相互关系的文献进行了梳理总结。本书关注的重点虽然是会计信息估值作用与激励作用之间是否存在相互关系,但针对会计信息这两个作用的文献回顾可以帮助我们更好地理解两个作用之间的相互关系。需要指出的是,由于关于会计信息作用的研究是会计学研究的一大基础,因此无论是针对会计信息市场估值作用,还是薪酬契约作用,相关文献都非常多,本书并没有穷尽所有的文献,在文献选择上,外文文献选择的是较早期的基础性研究,如有关模型的设定等。在后期,研究多偏向应用型,且研究问题越来越细,关于此类文献本书并没有作梳理,感兴趣的读者可以通过某些数据库检索自行选择阅读。中文文献的选择上,本书选择的大多是国内权威、学科 A 类重要期刊上的典型论文,其他相关国内研究,感兴趣的读者可以通过中国期刊全文数据库自行选择阅读。

综上,国外对会计信息估值作用与激励作用的研究不仅开始得早而且研究得也很系统深入,两块研究都已经相当成熟且有了比较统一的研究结果,但针对两个作用之间相互关系的研究并不是很成熟。相对来说,国内对会计信息两个作用的研究主要是利用国外已有的理论模型来检验中国资本市场上的具体问题,偏重于应用。迄今为止,国内还没有文献对会计盈余两个作用之间的相互关系作出研究,本书希望能在此领域做出贡献。

参考文献

1. 毕晓芳、周晓苏,盈余质量对会计信息报酬契约有用性的影响及股权特征的交互作用分析[J],中国会计评论,2007,1:55—82.

2. 陈晓、陈小悦、刘钊,A 股盈余报告的有用性研究[J],经济研究,1999,6:21—28.

3. 陈运森、谢德仁,董事网络、独立董事治理与高管激励[J],金融研究,2012,2:168—182.

4. 湛新民、刘善敏,上市公司经营者报酬结构性差异的实证研究[J],经济研究,2003,8:55—63.

5. 杜胜利、翟艳玲,总经理年度报酬决定因素的实证分析——以我国上市公司为例[J],管理世界,2005,8:114—120.

6. 杜兴强、王丽华,高层管理当局薪酬与上市公司业绩的相关性实证研究[J],会计研究,2007,1:58—65.

7. 方军雄,我国上市公司高管的薪酬存在粘性吗?[J],经济研究,2009,3:110—124.

8. 纪晓丽、黄化,民营上市公司管理层激励与企业绩效实证研究[J],经济体制改革,2006,3:60—62.

9. 李增泉,激励机制与企业绩效——一项基于上市公司的实证研究[J],会计研究,2000,1:24—30.

10. 刘凤委、孙铮、李增泉,政府干预、行业竞争与薪酬契约——来自国有上市公司的经验证据[J],管理世界,2007,9:76—84.

11. 刘永泽、孙翯,我国上市公司公允价值信息的价值相关性——基于企业会计准则国际趋同背景的经验研究[J],会计研究,2011,2:16—22.

12. 柳木华,盈利之间价值相关性比较研究[J],中国会计与财务研究,2004,6:85—117.

13. 陆正飞、张会丽,会计准则变革与子公司盈余信息的决策有用性——来自中国资本市场的经验证据[J],会计研究,2009,5:20—28.

14. 卢锐、柳建华、许宁,内部控制、产权与高管薪酬业绩敏感性[J],会计研究,2011,10:42—48、96.

15. 罗婷、薛健、张海燕,解析新会计准则对会计信息价值相关性的影响[J],中国会计评论,2008,2:129—140.

16. 孟焰、袁淳,亏损上市公司会计盈余价值相关性实证研究[J],会计研究,2005,5:42—46.

17. 潘飞、石美娟、童卫华,高级管理人员激励契约研究[J],中国工业经济,2006,

3:68—74.
18. 宋德舜,国有控股、最高决策者激励与公司绩效[J],中国工业经济,2004,3:91—98.
19. 孙铮、李增泉,收益指标价值相关性实证研究[J],中国会计与财务研究,2001,3:1—72.
20. 王鹏、陈武朝,合并财务报表的价值相关性研究[J],会计研究,2009,5:46—52.
21. 魏刚,高级管理层激励与上市公司经营绩效[J],经济研究,2000,3:32—39.
22. 吴育辉、吴世农,高管薪酬:激励还是自利?——来自中国上市公司的证据[J],会计研究,2010,11:40—48、96—97.
23. 肖继辉、彭文平,上市公司总经理报酬业绩敏感性研究[J],财经研究,2004,12:34—43.
24. 薛爽,亏损公司的股票价格是如何确定的?[J],中国会计与财务研究,2002,4:100—133.
25. 于鹏,IPO公司预测盈利的价值相关性[J],会计研究,2007,6:76—82.
26. 张必武、石金涛,董事会特征、高管薪酬与薪绩敏感性——中国上市公司的经验分析[J],管理科学,2005,4:32—39.
27. 张国清、夏立军、方轶强,会计盈余及其组成部分的价值相关性——来自沪、深股市的经验证据[J],中国会计与财务研究,2006,8:74—120.
28. 张俊瑞、赵进文、张建,高级管理层激励与上市公司经营绩效相关性的实证分析[J],会计研究,2003,9:29—34.
29. 张敏、王成方、刘慧龙,冗员负担与国有企业的高管激励[J],金融研究,2013,5:140—151.
30. 赵宇龙,会计盈余披露的信息含量——来自上海股市的经验证据[J],经济研究,1998,7:42—50.
31. J. Anthony, K. Ramesh, Association between Accounting Performance Measures and Stock Prices: A Test of the Life Cycle Hypothesis[J], Journal of Accounting and Economics, 1992, 15:203—227.
32. W. R. Baber, S. N. Janakiraman, S. H. Kang, Investment Opportunities and the Structure of Executive Compensation[J], Journal of Accounting and Economics, 1996, 21:297—318.

33. G. Baker, B. Hall, CEO Incentives and Firm Size[J], Working Paper, 1998.
34. G. Baker, Incentive Contracts and Performance Measurement[J], Journal of Political Economy, 1992, 100:598—614.
35. R. Ball, P. Brown, An Empirical Evaluation of Accounting Income Numbers[J], Journal of Accounting Research, 1968, 6:159—177.
36. R. D. Banker, L. Chen, E. Y. Whang, Dupont Analysis, Persistence and the Weight on ROA in Valuation and CEO Compensation[J], Working paper, 2010.
37. R. D. Banker, S. Datar, Sensitivity, Precision, and Linear Aggregation of Signals for Performance Evaluation[J], Journal of Accounting Research, 1989, 27: 21—39.
38. R. D. Banker, R. Huang, R. Natarajan, Incentive Contracting and Value Relevance of Earnings and Cash Flows[J], Journal of Accounting Research, 2009, 47:647—678.
39. S. Basu, The Conservatism Principle and the Asymmetric Timeliness of Earnings [J], Journal of Accounting and Economics, 1997, 24:3—37.
40. W. Beaver, R. Clarke, F. Wright, The Association between Unsystematic Security Returnsand the Magnitude of Earnings Forecast Errors[J], Journal of Accounting Research, 1979, 17:316—340.
41. W. Beaver, R. Lambert, D. Morse, The Information Content of Security Prices [J], Journal of Accounting and Economics, 1980, 2:3—28.
42. W. Beaver, R. Lambert, S. Ryan, The Information Content of Security Prices: A Second Look[J], Journal of Accounting and Economics, 1987, 9:139—157.
43. W. Beaver, M. McAnally, C. Stinson, The Information Content of Earnings and Prices: Asimultaneous Equations Approach[J], Journal of Accounting and Economics, 1997, 23:53—81.
44. M. Beneish, C. Harvey, Measurement Error and Nonlinearity in the Earnings-returns Relation[J], Review of Quantitative Finance and Accounting, 1998, 3: 219—247.
45. G. Biddle, G. Seow, The Estimation and Determinants of Association between Returns and Earnings: Evidence from Cross-industry Comparisons[J], Journal of Accounting, Auditing, and Finance, 1991, 6:183—232.

46. R. M. Bushman, E. Engel, A. Smith, An Analysis of the Relation between the Stewardship and Valuation Roles of Earnings[J], Journal of Accounting Research, 2006, 44:53—83.
47. R. M. Bushman, R. J. Indjejikian, Accounting Income, Stock Price, and Managerial Compensation[J], Journal of Accounting and Economics, 1993, 16:1—23.
48. R. M. Bushman, A. J. Smith, Financial Accounting Information and Corporate Governance[J], Journal of Accounting and Economics, 2001, 32:237—333.
49. C. Cheng, W. Hopwood, J. McKeown, Non-linearity and Specification Problems in Unexpected Earnings Response Regression Models[J], The Accounting Review, 1992, 67:579—598.
50. D. Collins, S. Kothari, An Analysis of Inter-temporal and Cross-sectional Determinants of Earnings Response Coefficients[J], Journal of Accounting and Economics, 1989, 11:143—181.
51. D. Collins, S. Kothari, J. Rayburn, Firm Size and the Information Content of Prices with Respect to Earnings[J], Journal of Accounting and Economics, 1987, 9:111—138.
52. D. Collins, S. Kothari, J. Shanken, R. Sloan, Lack of Timeliness Versus Noise as Explanations for Low Contemporaneous Return-earnings Association[J], Journal of Accounting and Economics, 1994, 18:289—324.
53. D. Collins, E. Maydew, I. Weiss, Changes in the Value-relevance of Earnings and Book Values over the Past Forty Years[J], Journal of Accounting and Economics, 1997, 24:39—67.
54. S. Das, B. Lev, Nonlinearity in the Return-earnings Relation: Tests of Alternative Specifications and Explanations[J], Contemporary Accounting Research, 1994, 11:353—379.
55. K. Diether, C. Malloy, A. Scherbina, Differences of Opinion and the Crosssection of Stock Returns[J], The Journal of Finance, 2002, 57: 2113—2141.
56. P. Easton, T. Harris, Earnings as an Explanatory Variable for Returns[J], Journal of Accounting Research, 1991, 29:19—36.
57. P. Easton, T. Harris, J. Ohlson, Aggregate Accounting Earnings Can Explain most of Security Returns: The Case of Long Event Windows[J], Journal of Ac-

counting and Economics, 1992, 15:119—142.
58. P. Easton, M. Zmijewski, Cross-sectional Variation in the Stock Market Response to Accounting Earnings Announcements[J], Journal of Accounting and Economics, 1989, 11:117—141.
59. J. Elliott, D. Hanna, Repeated Accounting Write-offs and the Information Content of Earnings[J], Journal of Accounting Research, 1996, 34:135—155.
60. E. F. Fama, Stock Returns, Expected Returns, and Real Activity[J], Journal of Finance, 1990, 45:1089—1108.
61. G. Feltham, J. Xie, Performance Measure Congruity and Diversity in Multi-task Principal/Agent Relations[J], The Accounting Review, 1994, 69:429—453.
62. R. Freeman, The Association between Accounting Earnings and Security Returns for Large and Small Firms[J], Journal of Accounting and Economics, 1987, 9:195—228.
63. R. Freeman, S. Tse, A Nonlinear Model of Security Price Responses to Unexpected Earnings[J], Journal of Accounting Research, 1992, 30:185—209.
64. J. Gaver, K. Gaver, Additional Evidence on the Association between the Investment Opportunity Set and Corporate Financing, Dividend, and Compensation Policies[J], Journal of Accounting and Economics, 1993, 16:125—160.
65. F. Gjesdal, Accounting for Stewardship[J], Journal of Accounting Research, 1981, 19:208—231.
66. M. Harris, A. Raviv, Optimal Incentive Contracts with Imperfect Information[J], Journal of Economic Theory, 1979, 20:231—259.
67. C. Hayn, The Information Content of Losses[J], Journal of Accounting and Economics, 1995, 20:125—153.
68. P. Healy, The Effect of Bonus Schemes on Accounting Decisions[J], Journal of Accounting and Economics, 1985, 7:85—107.
69. B. Holmstrom, P. Milgrom, Aggregation and Linearity in the Provision of Intertemporal Incentives[J], Econometrica, 1987, 55:303—328.
70. B. Holmstrom, P. Milgrom, Multi-task Principal-agent Analysis: Incentive Contracts, Asset Ownership, and Job Design[J], Journal of Law, Economics & Organization, 1991, 7:24—52.

71. B. Holmstrom, Moral Hazard and Observability[J], The Bell Journal of Economics, 1979, 10:74—91.
72. R. Holthausen, D. Larcker, R. Sloan, Annual Bonus Schemes and the Manipulation of Earnings[J], Journal of Accounting and Economics, 1995, 19:29—74.
73. R. Indjejikian, Performance Evaluation and Compensation Research: An Agency Perspective[J], Accounting Horizons, 1999, 13:147—157.
74. R. Jacobson, D. Aaker, Myopic Management Behavior with Efficient, But Imperfect, Financial Markets: A Comparison of Information Asymmetries in the U. S. and Japan[J], Journal of Accounting and Economics, 1993, 16:383—405.
75. M. C. Jensen, K. J. Murphy, Performance Pay and Top Management Incentives [J], Journal of Political Economy, 1990, 98:225—264.
76. T. Johnson, Forecast Dispersion and the Cross-section of Expected Returns[J], The Journal of Finance, 2004,59:1957—1978.
77. R. Kormendi, R. Lipe, Earnings Innovations, Earnings Persistence and Stock Returns[J], Journal of Business, 1987, 60:323—345.
78. S. Kothari, Capital Markets Research in Accounting[J], Journal of Accounting and Economics, 2001, 31:105—231.
79. S. Kothari, Price-earnings Regressions in the Presence of Prices Leading Earnings: Earnings Level Versus Change Specifications and Alternative Deflators[J], Journal of Accounting and Economics, 1992, 15:173—302.
80. S. Kothari, J. Shanken, Stock Return Variation and Expected Dividends[J], Journal of Financial Economics, 1992, 31:177—210.
81. S. Kothari, R. Sloan, Information in Prices about Future Earnings: Implications for Earnings Response Coefficients[J], Journal of Accounting and Economics, 1992, 15:143—171.
82. S. Kothari, J. Zimmerman, Price and Return Models[J], Journal of Accounting and Economics, 1995, 20:155—192.
83. R. Lambert, Contracting Theory and Accounting[J], Journal of Accounting and Economics, 2001, 32:3—87.
84. R. Lambert, D. Larcker, An Analysis of the Use of Accounting and Market Measures of Performance in Executive Compensation Contracts[J], Journal of Account-

ing Research, 1987, 25:95—125.
85. R. Lambert, The Use of Accounting and Security Price Measures of Performance in Managerial Compensation Contracts: A discussion[J], Journal of Accounting and Economics, 1993, 16:101—123.
86. D. Larcker, The Association between Performance Plan Adoption and Corporate Capital Investment[J], Journal of Accounting and Economics, 1983, 5:3—30.
87. B. Lev, On the Usefulness of Earnings and Earnings Research: Lessons and Directions from Two Decades of Empirical Research[J], Journal of Accounting Research, 1989, 27:153—201.
88. B. Lev, Some Economic Determinants of the Time Series Properties of Earnings [J], Journal of Accounting and Economics, 1983, 5:31—48.
89. B. Lev, T. Sougiannis, The Capitalization, Amortization, and Value-relevance of R&D[J], Journal of Accounting and Economics, 1996, 21:107—138.
90. G. Mandelker, S. Rhee, The Impact of Operating and Financial Leverage on Systematic Risk of Common Stocks[J], Journal of Financial and Quantitative Analysis, 1984, 19:45—47.
91. J. Mirrlees, The Optimal Structure of Incentives and Authority within an Organization[J], The Bell Journal of Economics, 1976, 7:105—131.
92. K. J. Murphy, Corporate Performance and Managerial Remuneration: An Empirical Analysis[J], Journal of Accounting and Economics, 1985, 7:11—42.
93. E. T. Nwaeze, Are Incentives for Earnings Management Reflected in the ERC: Large Sample Evidence[J], Advances in Accounting, Incorporating Advances in International Accounting, 2011, 27:26—38.
94. J. Ohlson, P. Shroff, Changes Versus Levels in Earnings as Explanatory Variables for Returns: Some Theoretical Considerations[J], Journal of Accounting Research, 1992, 30:210—226.
95. J. Ohlson, The Theory of Value and Earnings and an Introduction to the Ball-Brown Analysis[J], Contemporary Accounting Research, 1991, 7:1—19.
96. J. Paul, On the Efficiency of Stock-based Compensation[J], Review of Financial Studies, 1992, 5:471—502.
97. R. Ramakrishnan, J. Thomas, Valuation of Permanent, Transitory, and Price-ir-

relevant Components of Reported Earnings[J], Journal of Accounting, Auditing, and Finance, 1998, 13:301—336.

98. K. Ramesh, R. Thiagarajan, Estimating the Permanent Component of Accounting Earnings Using the Unobservable Components Model: Implications for Price-Earnings Research[J], Journal of Accounting, Auditing, and Finance, 1993, 8: 399—425.

99. L. Rees, W. Thomas, The Stock Price Effects of Changes in Dispersion of Investor Beliefs During Earnings Announcement[J], Review of Accounting Studies, 2010, 15: 1—31.

100. S. A. Ross, The Economic Theory of Agency: The Principal's Problem[J], American Economic Review, 1973, 63:134—139.

101. G. Schwert, Stock Returns and Real Activity: A Century of Evidence[J], Journal of Finance, 1990, 45:1237—1257.

102. R. Sloan, Accounting Earnings and Top Executive Compensation[J], Journal of Accounting and Economics, 1993, 16:55—100.

103. C. Smith, R. Watts, The Investment Opportunity Set and Corporate Financing, Dividend, and Compensation Policies[J], Journal of Financial Economics, 1992, 32:263—292.

104. K. Subramanyam, Uncertain Precision and Price Reaction to Information[J], The Accounting Review, 1996, 71:207—220.

105. S. Thomadakis, A Model of Market Power, Valuation and the Firm's Returns [J], Bell Journal of Economics, 1976, 7:150—162.

106. T. Warfield, J. Wild, Accounting Recognition and the Relevance of Earnings as an Explanatory Variable for Returns[J], Accounting Review, 1992, 67: 821—842.

第3章　会计信息噪音对估值作用与激励作用影响的实证研究

Paul(1992)的结果表明了会计信息估值作用与激励作用之间相互独立,此后实证文献(Bushman et al.,2006)以此为原假设检验会计信息估值作用与激励作用之间是否存在某种关系。然而 Bushman et al.(2006)认为,会计信息估值作用与激励作用都是内生变量,两个变量之间相互独立的论断是在控制了某些共同影响因素基础上得出的。因此本研究在进入模型推导之前,首先在 Paul(1992)讨论的基础上,探讨会计信息估值作用与激励作用之间是否有存在某种关系的可能性,即提供会计信息两大作用之间是否存在相互关系的间接证据。

1　理论推导与假设提出

Paul(1992)将企业产出分为两部分,一部分与高管努力相关,另一部分为随机产出项,与高管努力无关;会计信息[①]定义为产出加上一个随机项。即产出与会计信息分别为:

$$\begin{cases} X_i = f_i(\mu_i) + \theta_i, & i = 1,\ldots,n \\ Y_i = X_i + \varepsilon_i, & i = 1,\ldots,n \end{cases}$$

其中,X_i 为项目 i 的产出,μ_i 为高管对项目 i 的努力程度,θ_i 为项

[①] Paul(1992)设定 Y 为反映产出的信号,并且指出 Y 这个信号可以是公开信息,如会计报告。

目的随机产出,服从均值为 0、方差为 σ_i^2 的正态分布;Y_i 则可以理解为反映对应项目产出的会计信息,ε_i 为会计信息本身引入的与产出无关的噪音,[①]服从均值为 0、方差为 ω_i^2 的正态分布,高管努力的成本为 $c_i(\mu_i)$,ρ 为高管风险厌恶系数。在此基础上,文章得出:

会计信息估值权重为:

$$\beta_i = \frac{\text{cov}(X_0, Y_i)}{\text{var}(Y_i)} = \frac{\sigma_i^2}{\sigma_i^2 + \omega_i^2}$$

会计信息激励权重为:

$$\gamma_i = \frac{(f_i' - c_i')}{\rho(\sigma_i^2 + \omega_i^2)} \frac{\mathrm{d}\mu_i * (\gamma_i)}{\mathrm{d}\gamma_i}$$

其中,$\mu_i * (\gamma_i)$ 为对应薪酬系数 γ_i 高管选择的努力程度,所以 $\dfrac{\mathrm{d}\mu_i * (\gamma_i)}{\mathrm{d}\gamma_i}$ 相当于是激励系数的边际努力程度,且

$$\frac{\mathrm{d}\mu_i * (\gamma_i)}{\mathrm{d}\gamma_i} = \frac{f_i'/c_i'}{v_f + v_c}$$

其中

$$v_f = |f_i''/f_i'|, \quad v_c = |c_i''/c_i'|$$

由上面会计信息估值作用、激励作用的表达式可以看出会计信息估值作用与激励作用之间的独立性。这里的"独立性"的由来本质上同 Lambert(2001)中的讨论一致,即在纯道德风险框架下,市场与高管拥有相同的信息集,因此市场能够准确预期高管行为,从而使得会计信息对于投资者修正对产出中与努力相关部分的预期没有作用,而只能帮助投资者调整对随机产出项的预期,因此会计信息估值作用取决于会计信息与产出的随机项之间

[①] 这里虽然是对应某个项目的产出及会计信息,但各个项目的加总即为企业总产出及反映企业总产出的会计信息,因此这样的设定对于解决本研究所关注的问题没有影响,模型的结论可以应用到企业只有一个项目时。

的相关关系。随机产出项虽然不受高管努力程度影响,但随机产出项仍然是企业价值的一部分,因此对于估值来说,随机产出项是相关部分而不是噪音,只有会计信息中的随机项才是噪音部分。而在激励作用中,由于股东只关注高管努力带来的产出,因此对于激励来说,随机产出项与会计信息引入的随机项都是噪音成分。

从以上会计信息估值作用、激励作用的表达式中可以看出这一独立性是在控制了分母的基础上的。Paul(1992)给出的会计信息估值作用与激励作用的表达式的分母都拥有一个相同成分,即 $\sigma_i^2 + \omega_i^2$,因此两者同时受到同一因素同方向的影响。正如 Bushman et al.(2006)所讨论的:"会计信息估值作用及激励作用都是内生变量,两个变量都与方差项 σ_V^2, σ_E^2 相关(这两个方差项分别是随机产出项的方差和会计信息中引入的与产出无关项的方差,本质上即 Paul(1992)模型中的 σ_i^2 和 ω_i^2),因此关于会计信息估值作用及激励作用独立性的论断是在控制了这两个方差项基础上才能得到的"[①]。鉴于此,本章基于 Paul(1992)模型,研究这一共同分母项对会计信息估值作用与激励作用的影响,以验证 Bushman et al.(2006)的观点,同时得出这两个作用之间是否存在某种关系的可能性。

具体来说,估值权重与激励权重的共同部分为 $\sigma_i^2 + \omega_i^2$,此项为会计信息中与高管努力不相关部分的噪音成分,前者 σ_i^2 来自于产出中与高管努力不相关的部分,后者 ω_i^2 来自于会计信息本身。与高管努力不相关的产出即随机产出项的噪音很难量化,但对于会计信息本身的噪音文献中还是提供了一些量化办法的。不难看出当会计信息本身的噪音越大,即 ω_i^2 越大时,会计信息在估值中与激励契约中的权重都越小。这点并不难理解,对于会计

---

① Bushman et al.(2006):58—59.

信息估值作用来说,市场关注的是利用会计信息能够从多大程度上估计股票价值,此时产出中与高管努力程度不相关的部分对市场来说并不是噪音而是股票价值的一部分,因此唯一的噪音就是会计信息作为产出的衡量指标其自身带来的噪音。因此,当会计信息自身噪音越大,市场就越难利用会计信息对真实产出进行估计,从而导致了其估值作用越小;对于激励契约来说,产出中与高管努力不相关的部分及激励指标自身的噪音都会降低业绩衡量指标对高管努力的激励作用,因为对高管的激励只关注与高管努力程度相关的产出,当会计信息自身噪音越大时,指标对反映高管努力程度所带来的产出的噪音也越大,股东越难利用会计信息推测高管的努力程度,从而当 ω_i^2 越大时,会计信息的激励作用越小。因此,从会计信息噪音对其估值作用与激励作用同时的负面影响来看,这两个作用受同一内在因素的影响而呈现同方向的变动,从而使得会计信息的估值作用与激励作用之间有了存在某种正向关系的可能性,即 Bushman et al.(2006)的会计信息估值作用与激励作用之间相互独立的论断是在控制了这两个方差项基础上才能得到的。

会计盈余是一个重要的会计信息,在后文的检验中,本章将会计信息具体化为会计盈余,下面的检验将直接以盈余展开。本研究将用异常应计大小表示会计盈余本身引入的与产出不相关的噪音,原因主要有两个:第一,异常应计接近于本研究所关注的"会计信息引入的与产出无关部分的噪音"。应计是权责发生制下的产物,由于企业经济收益的实现和货币的收支不是完全同步,因此收付实现制不能很好地反映企业真实经济收益。相对来说,权责发生制利用应计项目可以更好地调节经济收益与货币收支之间的脱离,使得会计盈余更接近于经济收益。正常会计应计应当是反映企业经济收益的,即上文模型中的"产出",而异常应计项则可以理解为盈余中与产出无关的噪音成分。因此,异常应计从定义上来说较接近本研究所关注的内容。第二，Francis et al.(2004)中讨论了七个盈余属性，其中四个是基于会计的(accounting-based)，分别是应计质量(accrual quality)、盈余持续性(persistence)、盈余可预测性(predictability)及盈余平滑性(smoothness);三个是基于市场的(market-based)，分别是价值相关性(value relevance)、及时性(timeliness)及稳健性(conservatism)，其研究结果表明应计质量是最关键的属性。[①] 基于以上两个原因，本章下面的检验将以异常应计表示盈余引入的与产出无关的噪音，检验会计噪音对其估值作用、激励作用的影响，具体检验指标为异常应计绝对值;同时，在稳健性测试中也使用了异常应计标准差代表会计盈余噪音的大小。基于以上分析提出下列假设:

假设1:会计盈余异常应计越大，其在激励契约中的权重越小
假设2:会计盈余异常应计越大，其在估值中的权重越小

文献中给出了很多计量异常应计的计量模型，本研究在检验部分利用行业层面修正琼斯模型的截面回归来测量应计质量，具体指标为异常应计绝对值。夏立军(2003)比较了各个盈余管理模型在中国市场的应用，认为在众多截面模型中，分行业估计并且采用线下项目前总应计利润作为应变量估计特征参数的基本琼斯模型和调整KS模型最能有效地揭示出盈余管理，并且认为修正的琼斯模型并不比基本琼斯模型好，因此在敏感性测试中，本章将采用线下项目前总应计利润作为应变量估计特征参数的

---

① Francis et al.(2004)对七个会计盈余属性指标与资本成本的关系进行了研究。文章研究了应计质量、持续性、可预测性、平滑度这四个基于会计的盈余属性与价值相关性、及时性、稳健性这三个基于市场的盈余属性。结果发现基于会计的盈余属性能带来更大的资本成本效应，其中最大的是应计质量。这一研究表明了应计质量是一个关键的盈余属性。

基本琼斯模型和调整 KS 模型来测量应计质量。除此之外,从 Paul(1992)给出的表达式可以看到,会计信息的噪音是会计信息引入的与产出不相关部分的方差,因此在后文的敏感性测试中,本研究将改用异常应计的标准差来替代异常应计绝对值大小,以便更直接地衡量模型中的会计盈余噪音。

2 实证检验

(1) 模型

根据 Dechow et al. (1995)、Bartov et al. (2001),本书利用修正的琼斯模型来计量异常应计。

$$\text{NDA}_{i,t} = a_1\left(\frac{1}{A_{i,t-1}}\right) + a_2\left(\frac{\Delta \text{REV}_{i,t} - \Delta \text{REC}_{i,t}}{A_{i,t-1}}\right)$$
$$+ a_3\left(\frac{\text{PPE}_{i,t}}{A_{i,t-1}}\right) + \varepsilon_{i,t} \qquad (1)$$

$$\frac{\text{TA}_{i,t}}{A_{i,t-1}} = a_1\left(\frac{1}{A_{i,t-1}}\right) + a_2\left(\frac{\Delta \text{REV}_{i,t}}{A_{i,t-1}}\right) + a_3\left(\frac{\text{PPE}_{i,t}}{A_{i,t-1}}\right) + \varepsilon_{i,t} \qquad (2)$$

$$\text{DA}_{i,t} = \frac{\text{TA}_{i,t}}{A_{i,t-1}} - \text{NDA}_{i,t} \qquad (3)$$

TA 为总应计,其中总应计用同期净利润减去经营现金流得到;ΔREV 为营业收入变化量,等于当期营业收入减去上期营业收入;ΔREC 为应收账款净额变化量,等于当期应收账款净额减去上期应收账款净额;PPE 为固定资产净额。所有变量都要利用期初总资产进行标准化,A 为资产总额。首先由方程(2)回归出三个特征系数 a_1、a_2、a_3,将其带入式(1)得到正常应计 NDA,再利用式(3)得到异常应计,最后选取 DA 的绝对值 ABSDA 作为异常应计的变量带入检验中。这参考徐浩萍、陈超(2009)的研究,对式(2)进行年度—行业层面的截面回归。即每年剔除行业样本量小于10的行业,再逐年逐行业进行模型(2)的回归,由(1)(3)得到年度—公司层面的异常应计ABSDA。

本研究参考Bushman et al.(2006)、Banker et al.(2009)、Banker et al.(2010),采用下述模型检验异常应计对会计盈余激励作用与估值作用的影响:

$$\ln COMP_{i,t} = \alpha_0 + \alpha_1 ROA_{i,t} + \alpha_2 ABSDA_{i,t} + \alpha_3 ROA_{i,t} * ABSDA_{i,t} + \alpha_4 R_{i,t} + \alpha_5 SIZE + \varepsilon_{i,t} \quad (4)$$

$$AdjR_{i,t} = \beta_0 + \beta_1 \Delta EPS_{i,t}/P_{i,t-1} + \beta_2 ABSDA_{i,t} + \beta_3 \Delta EPS_{i,t}/P_{i,t-1} * ABSDA_{i,t} + \varepsilon_{i,t} \quad (5)$$

无论是计量盈余激励作用还是估值作用,都有着很丰富的模型。本研究采取上述两个比较简单的模型一方面是参考相关文献,另一方面是为了与下一章节的检验在盈余激励作用、估值作用的计量上尽量保持统一,从而更具有可比性,更为重要的是这样两个比较简单的模型已经能够达到本章节的检验目的。模型中相关变量解释如下:LnCOMP为上市公司前三名高管薪酬总额的自然对数,ROA为公司的总资产净利润率,等于净利润/总资产平均余额,其中总资产平均余额等于(总资产期末余额+总资产期初余额)/2;ABSDA为修正琼斯模型产生的公司异常应计绝对值;R为上市公司当年5月至次年4月的股票年回报率,R在此是为了控制所有其他影响高管薪酬的因素,SIZE是为了控制公司规模对薪酬的影响;[①]AdjR为经过市场回报调整后的公司年回报,等于R减去公司所在市场的年回报;ΔEPS/P为经过上年末股价标准化后的每股收益变化值。本研究要关注的是两个交叉

[①] 为了承接文献,在下一章节激励系数与估值系数相互关系的检验中,对激励系数的计量并没有加入SIZE,而是在激励系数对估值系数的检验时加入SIZE作为控制变量。这里加入SIZE是因为模型左边的薪酬变量是个水平值,而右边ROA是个比例,因此在右边加入SIZE消除公司规模对结果的影响。事实上,如果与下一章节保持完全统一,这里对激励系数的计量也不应加入SIZE,并不会对本章检验结果的系数有很大影响,只是会使得常数项的t值非常大。

项的系数,即 α_3、β_3。若 α_3、β_3 为负,则说明异常应计会降低会计盈余的估值作用与激励作用,反之则反。根据上面的分析,本研究假设这两个系数都应显著为负。表3-1给出了相关变量的定义。

表3-1 变量定义

变量名	变量定义
TA	总应计,为同期净利润减去经营现金流
NDA	正常应计,由模型(1)得到
DA	异常应计,由模型(3)得到
ABSDA	异常应计的绝对值
ΔREV	营业收入变化量,为当期营业收入减去上期营业收入
ΔREC	应收账款净额变化量,为当期应收账款净额减去上期应收账款净额
PPE	固定资产净额
A	资产总额
LnCOMP	上市公司前三名高管薪酬总额的自然对数
ROA	总资产净利润率,等于净利润/总资产平均余额
AdjR	经过市场回报调整后的公司年回报
$\Delta EPS/P$	经过上年末股价标准化后的每股收益变化值
R	上市公司五月至次年四月计算的年回报
EPS/P	经过上年末股价标准化后的每股收益

(2) 样本

本研究使用的是 CSMAR 国泰君安数据库,选取 2002—2012 深沪两市 A 股所有上市公司高管薪酬数据、股票市场数据、财务报表数据。之所以从 2002 开始是因为中国上市公司从 2001 起大规模披露薪酬数据,在部分检验模型中要用到薪酬变化量数据,因此为了统一,样本年度起点为 2002 年。样本处理程度如下:删除缺失样本,删除年度行业样本量少于 10 的样本,删除 1% 极值,最后激励作用检验有效样本为 12501 个公司—年度样本,估值作用检验有效样本为 12803 个公司—年度样本。数据描述性统计见表3-2,其中上半部分为激励作用检验数据统计结果,下半部分为估值作用检验数据统计结果。

表3-2 数据描述性统计

	min	med	mean	max	sd	N
Lncomp	11.513	13.545	13.498	15.281	0.792	12501
roa	-0.151	0.034	0.038	0.176	0.046	12501
absda	0.001	0.046	0.064	0.410	0.062	12501
size	19.309	21.447	21.555	24.915	1.021	12501
lev	0.056	0.495	0.479	0.878	0.187	12501
mb	0.710	2.418	3.035	13.129	2.010	12501
R	-0.547	-0.079	0.081	2.756	0.541	12803
$\Delta EPS/P$	-0.171	0.000	-0.002	0.156	0.034	12803
ABSDA	0.001	0.046	0.066	0.431	0.064	12803

由表3-2上半部分可以看出,ABSDA最小值为0.001,说明从模型的角度来看,所有的公司都存在不同程度的应计操纵;其最大值为0.410,对比ROA的最大值0.176,说明企业存在较大程度的应计操纵;ABSDA的中值为0.046,平均值为0.064,都大于ROA的中值0.034及平均值0.038,说明从模型角度来看企业存在明显的应计操纵。从下半部分结果可以看出,R的均值要大于中值,其中均值为0.081,而中值为-0.079,分布有右偏现象;同时,ABSDA的结果也表明企业都存在一定程度的应计操纵。

(三)实证结果

表3-3 盈余噪音对其激励作用与估值作用影响的结果

	激励作用 lnCOMP	估值作用 R
ROA	4.170*** (21.78)	
$\Delta EPS/P$		2.387*** (18.56)

(续表)

	激励作用 lnCOMP	估值作用 R
ABSDA	0.329***	0.065
	(2.91)	(1.37)
ROA * ABSDA	-9.255***	
	(-5.23)	
ΔEPS/P * ABSDA		-2.734**
		(-2.35)
SIZE	0.290***	
	(41.13)	
LEV	-0.116***	
	(-3.11)	
MB	0.024***	
	(6.85)	
常数项	5.963***	-0.213***
	(38.60)	(-7.07)
YearDummy	YES	YES
IndDummy	YES	YES
N	12501	12803
adj. R^2	0.462	0.631

注：表中省略了年度、行业虚拟变量的回归结果；*、**、*** 分别表示10%、5%、1%水平下显著。

表3-3给出了基于以上数据的异常应计对会计盈余激励作用与估值作用影响的回归结果。从表3可以看出，ROA的系数为正的4.170，在1%水平下显著，说明了会计盈余的薪酬激励作用；而ROA与异常应计ABSDA的交叉项的系数为负的9.255，且在1%水平下显著，这一结果说明了异常应计对会计盈余的激励作用有负面影响，异常应计越大，会计盈余的激励作用越小，支持假设1。再看估值作用，ΔEPS/P 的系数为正的2.387，在1%水平下显著，说明了会计盈余的估值作用，而EPS与异常应计的交叉

项系数则为负的 2.734,且在 5% 水平下显著,表明异常应计对盈余估值作用的负面影响,异常应计越大,会计盈余估值作用越小,支持假设 2。

  由于估值作用调整 R^2 为 0.631,远远高于估值文献中的结果,因此本书试着找出原因,结果发现当模型不对年度虚拟变量及行业固定效应加以控制时,盈余估值模型的解释力急剧下跌到仅有 0.028,但交叉项系数依然显著,这一结果表明市场对盈余的估值跟年度及行业有很大关系。本书提供以下解释:第一,市场对盈余的估值受年度资本市场环境影响很大,且针对不同的行业,市场对盈余的估值也不同。年度市场环境的影响可以联系到市场风险,从而影响到估值;而不同行业的影响可以联系到行业性质对盈余属性的影响,比如 Lev(1983) 研究表明产品类型 (product type,主要是指耐用品与非耐用品)、进入壁垒(barriers-to-entry)会影响盈余的时间序列特征,相对于耐用品,市场对非耐用品的消费相对稳定,因此生产非耐用品的企业盈余波动性较小,时间序列上盈余的自相关性较强;处在竞争较激烈或者说进入壁垒较低的行业的企业,其盈余较易受冲击,从而使得盈余的自相关性较弱,所以行业会影响到盈余属性继而对盈余的估值作用产生影响。由于年度、行业因素包含了盈余估值中重要的风险及盈余属性因素,这样就不难理解在控制年度虚拟变量及行业固定效应后模型显现出的较大的解释力了。第二,这样的结果也有可能与 ABSDA 产生的程序相关,ABSDA 是年度行业层面上计量得到的。

  在模型的结果中还有一个值得注意的是,在激励作用、估值作用的检验中,交叉项的系数虽然都显著为负,支持了上文的假设,但是系数绝对值都比较大。可以看到,在两组检验中交叉项的绝对值都大于主自变量的绝对值,如在激励作用中,交叉项绝对值为 9.255,ROA 的系数大小为 4.170,在估值作用中,交叉项系数绝对值为 2.734，ΔEPS/P 系数为 2.387。然而，这并不表明在异常应计较大，即 ABSDA 较大的企业中盈余基本的激励作用或估值作用消失，因为由表 3-2 的数据描述性统计可以看到 ABS-DA 最大值约为 0.4，即对于异常应计最大的公司，其激励系数或估值系数的被削弱程度也仅有交叉项系数的约 2/5，比如异常应计最大的公司企业激励系数应该为 4.170 + (-9.255)*0.410，约 0.375，估值系数为 2.387 + (-2.734)*0.431，约 1.209。

表 3-3 的结果表明了在异常应计作为衡量盈余引入的噪音指标时，其对盈余的激励作用与估值作用存在同向的负面影响，即异常应计越大，盈余激励作用越小，估值作用也越小，结果支持假设 1、2，同时也证实了 Bushman et al. (2006) 的讨论，即基于 Paul (1992) 模型所得出的盈余激励作用与估值作用之间相互独立的结论，是建立在控制了共同的分母项基础之上的。本研究利用异常应计作为盈余噪音的衡量指标，相对来说，异常应计能够较好地表征会计信息中包含的与企业产出无关项，且根据 Francis et al. (2004) 的研究，应计质量是会计盈余的一个最关键的属性。综上，盈余噪音对盈余的激励作用与估值作用有着同方向的负面影响，①这一结果间接说明了盈余激励作用与估值作用之间有存在相互关系的可能性。

3 敏感性测试

上文利用行业层面修正琼斯模型的截面回归来测量应计质

---

① 异常应计对会计信息估值作用与契约激励作用都有着负向影响，因此似乎很自然在下一章直接检验两个作用之间是否存在相互关系时应当加入"异常应计"这一控制变量。然而本章检验的目的是想从 Paul(1992) 出发找到两个角色之间有可能存在相互关系的间接证据，检验基础是 Paul(1992) 模型；而下一章对两个作用之间相互关系的检验是基于另一种模型而给出的直接证据，因此并没有加入"异常应计"这一控制变量。可以说，本章与下一章没有因果关系。

量。由于对应计质量的计量有很多模型,本节将使用其他模型进行敏感性检验。夏立军(2003)比较了各个盈余管理模型在中国市场的应用,认为在众多截面模型中,分行业估计并且采用线下项目前总应计利润作为应变量估计特征参数的基本琼斯模型和调整 KS 模型最能有效地揭示出盈余管理,并且认为修正的琼斯模型并不比基本琼斯模型好。因此,本节将利用线下项目前总应计利润估计特征参数的基本琼斯模型和调整的 KS 模型对假设 1、2 进行敏感性检验。

3.1 线下项目前总应计利润的基本琼斯模型

基本琼斯模型如下:

$$\mathrm{NDA}_{i,t} = a_1\left(\frac{1}{A_{i,t-1}}\right) + a_2\left(\frac{\Delta \mathrm{REV}_{i,t}}{A_{i,t-1}}\right) + a_3\left(\frac{\mathrm{PPE}_{i,t}}{A_{i,t-1}}\right) + \varepsilon_{i,t} \quad (6)$$

$$\frac{\mathrm{TA}_{i,t}}{A_{i,t-1}} = a_1\left(\frac{1}{A_{i,t-1}}\right) + a_2\left(\frac{\Delta \mathrm{REV}_{i,t}}{A_{i,t-1}}\right) + a_3\left(\frac{\mathrm{PPE}_{i,t}}{A_{i,t-1}}\right) + \varepsilon_{i,t} \quad (7)$$

$$\mathrm{DA}_{i,t} = \frac{\mathrm{TA}_{i,t}}{A_{i,t-1}} - \mathrm{NDA}_{i,t} \quad (8)$$

由于本节使用线下项目前总应计利润作为应变量估计特征参数,因此 TA 为营业利润减去经营性现金流。修正琼斯模型与基本琼斯模型的唯一区别就是前者考虑了与收入确认相关的盈余管理,从而前者在后者的基础上控制了应收账款变化量。因此,这里的其他变量定义同上,模型的估计程序也同上,即首先年度行业层面利用模型(7)回归出各系数,然后代入模型(6)计算出正常应计,最后利用模型(8)计算出异常应计,取绝对值,下文以 ABSDA2 表示。产生的异常应计描述性统计见表 3-4。

表 3-4　异常应计描述性统计

	min	med	mean	max	sd	N
ABSDA2（激励）	0.001	0.045	0.063	0.379	0.060	12501
ABSDA2（估值）	0.001	0.046	0.064	0.389	0.061	12803
ABSDA3（激励）	0.001	0.044	0.061	0.390	0.058	12501
ABSDA3（估值）	0.001	0.044	0.062	0.386	0.059	12803

由表3-4可以看出，各个变量的分布与调整琼斯模型下的变量分布很类似，但同时也可以看到，基本琼斯模型下的ABSDA要小于上面修正琼斯模型下的ABSDA，具体来说，如在激励作用检验中，基本琼斯模型下ABSDA的最大值、平均值、中值、标准差分别为0.410,0.064,0.046,0.062，修正琼斯模型下分别为0.379,0.063,0.045,0.060。导致这样的结果有两种可能，一是上市公司确实存在利用收入进行应计操纵，从而调整了与收入有关的盈余管理的修正琼斯模型发现了更大程度的应计操纵；二是上市公司利用线下项目进行应计操纵，因此本节的利用线下项目前总应计利润估计特征参数的基本琼斯模型只能检验出不完全的应计操纵，从而得到较小的ABSDA。由于本研究并不关注中国上市公司通过何种方式进行应计操纵，因此并没有对这两种可能进行区分。

表3-5给出了利用线下项目前基本琼斯模型计量的异常应计对会计盈余激励作用与估值作用的影响结果。可以看到ROA与ABSDA交叉项的系数为负的10.436，在1%水平下显著，说明异常应计对会计盈余激励作用的负向影响；ΔEPS/P与ABSDA的交叉项系数为负的3.683，说明了异常应计对盈余估值作用的负向影响。利用线下项目前总应计利润估计特征参数的基本琼斯模型的检验结果与实证部分利用净利润估计特征参数的调整琼斯模型结果保持一致，都显示了异常应计对会计盈余激励作用与估值作用的负向影响，支持假设1、2。

表 3-5　盈余噪音对其激励作用、估值作用影响结果——基于基本琼斯模型

	激励作用 lnCOMP	估值作用 R
ROA	4.235***	
	(22.14)	
ΔEPS/P		2.442***
		(18.89)
ABSDA	0.342***	0.115**
	(2.90)	(2.32)
ROA * ABSDA	-10.436***	
	(-5.68)	
ΔEPS/P * ABSDA		-3.683***
		(-2.97)
SIZE	0.290***	
	(41.19)	
LEV	-0.113***	
	(-3.02)	
MB	0.024***	
	(6.78)	
常数项	5.965***	-0.217***
	(38.66)	(-7.22)
Year	Control	Control
Ind	Control	Control
N	12501	12803
adj. R^2	0.462	0.629

注：表中省略了年度、行业虚拟变量的回归结果；*、**、***分别表示10%、5%、1%水平下显著。

3.2　线下项目前总应计利润的调整 KS 模型

Kang,Sivaramakrishnan(1995)提出了基于主营业务收入、成本及固定资产的 KS 模型。KS 模型内在假设为：公司当期与上一期间，其销售收入与应收款项之间、成本费用与存货及应付款项之间、折旧摊销与固定资产之间的比率关系保持稳定，这样公司

的正常应计就主要由销售收入、成本费用和固定资产来决定。KS模型是应用时间序列的检验,由于我国资本市场发展现状并不适合时间序列,因此,夏立军(2003)将其改为截面模型,并且认为利用线下项目前总应计利润估计特征参数的行业层面截面KS模型能有效地揭示出盈余管理。调整KS模型内在假设为:处于同一行业的各个公司之间的这些比率是一致的(夏立军,2003)。该模型如下:

$$\mathrm{NDA}_{i,t} = \alpha_1 \left(\frac{1}{A_{i,t-1}} \right) + \alpha_2 \left(\frac{\mathrm{REV}_{i,t}}{A_{i,t-1}} \right) + \alpha_3 \left(\frac{\mathrm{COST}_{i,t}}{A_{i,t-1}} \right) + \alpha_4 \left(\frac{\mathrm{PPE}_{i,t}}{A_{i,t-1}} \right) \quad (9)$$

$$\frac{\mathrm{TA}_{i,t}}{A_{i,t-1}} = \alpha_1 \left(\frac{1}{A_{i,t-1}} \right) + \alpha_2 \left(\frac{\mathrm{REV}_{i,t}}{A_{i,t-1}} \right) + \alpha_3 \left(\frac{\mathrm{COST}_{i,t}}{A_{i,t-1}} \right) + \alpha_4 \left(\frac{\mathrm{PPE}_{i,t}}{A_{i,t-1}} \right) + \varepsilon_{i,t} \quad (10)$$

$$\mathrm{DA}_{i,t} = \frac{\mathrm{TA}_{i,t}}{A_{i,t-1}} - \mathrm{NDA}_{i,t} \quad (11)$$

其中,A 为公司总资产,REV 为营业收入,COST 为营业成本,PPE 为固定资产,TA 为线下项目前总应计,具体为营业利润减去经营性现金流 CFO,所有变量都要用期初资产标准化;NDA 为利用回归系数计算出的正常应计,DA 为利用标准化后的总应计减去计算出的正常应计所得到的异常应计。具体操作为,首先用模型(10)回归各个系数,然后代入模型(9)计算出正常应计,最后用模型(11)计算出异常应计。为了同上文检验保持一致,本节取 DA 的绝对值 ABSDA 计量异常应计大小,下文以 ABSDA3 表示,其描述性统计见表3-4。

由表3-4可以看出,各个变量分布都类似于基本琼斯模型及调整琼斯模型下变量分布。值得关注的是,除了激励组的最大值,调整 KS 模型下的 ABSDA 较之上面的基本琼斯模型和调整琼斯模型都更小。由于本研究关注的并非中国上市公司盈余管理的手段或者各个盈余管理模型在中国的应用效果,因此并不对这些模型的使用效果加以讨论。表 3-6 给出了异常应计对会计盈余激励作用与估值作用的影响结果。可以看到,同上面结果保持一致,两个交叉项系数都显著为负。因此,KS 模型的结果与上文保持一致,表明了盈余噪音对盈余激励作用与估值作用都有着负向影响。

表 3-6 盈余噪音对其激励作用、估值作用影响结果——基于 KS 模型

	激励作用 lnCOMP	估值作用 R
ROA	4.078***	
	(21.59)	
$\Delta EPS/P$		2.338***
		(18.64)
ABSDA	0.257**	0.091*
	(2.11)	(1.78)
ROA * ABSDA	-9.136***	
	(-4.82)	
$\Delta EPS/P$ * ABSDA		-2.506**
		(-1.99)
SIZE	0.291***	
	(41.25)	
LEV	-0.124***	
	(-3.33)	
MB	0.025***	
	(6.90)	
常数项	5.961***	-0.210***
	(38.56)	(-6.96)
YearDummy	YES	YES
IndDummy	YES	YES
N	12501	12803
adj. R^2	0.461	0.630

注:表中省略了年度、行业虚拟变量的回归结果;*、**、*** 分别表示 10%、5%、1% 水平下显著。

4　本章小结

本章由 Paul(1992)的模型出发,探讨会计信息自身的噪音对其激励作用与估值作用的影响。虽然 Paul(1992)模型的结果表明会计信息激励作用与估值作用之间并不存在相互关系,但由其给出的会计信息激励系数与估值系数表达式可以看出,两者同时受到会计信息自身引入的与产出不相关的噪音的影响。具体来说,会计信息自身噪音成分越大,会计信息激励作用与估值作用都越小,即会计信息噪音同时对其激励作用与估值作用有着负向影响。因此,会计信息激励作用与估值作用同时受到一内在因素的影响,且这一因素对两作用的影响方向是相同的,从而为激励作用与估值作用之间存在某种相互关系提供了可能性。本章将会计信息具体化为会计盈余,检验盈余噪音对盈余估值作用与激励作用的影响。由于异常应计从定义上最接近"会计信息引入的与产出不相关的噪音",并且 Francis et al. (2004)研究表明应计质量是七个盈余属性中最关键的一个,因此本章利用异常应计大小计量会计盈余自身噪音大小,在敏感性测试中利用与 Paul(1992)模型更为接近的异常应计标准差表示盈余噪音来检验相关假设以示稳健。

本章首先利用行业层面的截面修正琼斯模型计量异常应计,实证检验异常应计是否对会计盈余激励作用与估值作用有负向影响。检验结果表明,异常应计越大,会计盈余激励作用与估值作用都越小,从而验证了假设1、2。在敏感性测试中,首先参考夏立军(2003)的结论,即在中国市场下,利用线下项目前总应计利润估计特征参数的基本琼斯模型与调整KS模型能够最有效地揭示出盈余管理,从而本章敏感性测试中利用这两个模型计量异常应计,重新检验异常应计对会计盈余激励作用与估值作用的影响,结果保持一致。其次,笔者还改用异常应计标准差更为直接地表示会计盈余噪音的大小,检验其对估值与激励作用的影响,结果依然成立。因此,本章检验说明了会计盈余激励作用与估值作用同时受到会计盈余自身噪音的影响,且影响方向一致,从而建立起了会计盈余激励作用与估值作用之间存在某种关系的可能性或间接证据。

参考文献

1. 夏立军,盈余管理计量模型在中国股票市场的应用研究[J],中国会计与财务研究,2003,5:94—154.
2. 徐浩萍、陈超,会计盈余质量、新股定价与长期绩效——来自中国 IPO 市场发行制度改革后的证据[J],管理世界,2009,8:25—38.
3. R. D. Banker, L. Chen, E. Y. Whang, Dupont Analysis, Persistence and the Weight on ROA in Valuation and CEO Compensation[J], Working Paper, 2010.
4. R. D. Banker, R. Huang, R. Natarajan, Incentive Contracting and Value Relevance of Earnings and Cash Flows[J], Journal of Accounting Research, 2009, 47:647—678.
5. E. Bartov, F. A. Gul, Tsui, S. L. Judy, Discretionary-accruals Models and Audit Qualification [J], Journal of Accounting and Economics, 2001, 30: 421—452.
6. R. M. Bushman, E. Engel, A. Smith, An Analysis of the Relation between the Stewardship and Valuation Roles of Earnings[J], Journal of Accounting Research, 2006, 44:53—83.
7. P. M. Dechow, R. G. Sloan, A. P. Sweeney, Detecting Earnings Management [J], Accounting Review, 1995, 70:193—225.
8. J. Francis, R. LaFond, P. M. Olsson, K. Schipper, Costs of Equity and Earnings Attributes[J], The Accounting Review, 2004, 79:967—1010.
9. S. H. Kang, K. Sivaramakrishnan, Issues in Testing Earnings Management and an Instrumental Variable Approach[J], Journal of Accounting Research, 1995, 33:353—367.
10. R. Lambert, Contracting Theory and Accounting[J], Journal of Accounting and

Economics, 2001, 32:3—87.
11. B. Lev, Some Economic Determinants of the Time Series Properties of Earnings [J], Journal of Accounting and Economics, 1983, 5:31—48.
12. J. Paul, On the Efficiency of Stock-based Compensation[J], Review of Financial Studies, 1992, 5:471—502.

第4章 基于解析模型的会计信息市场估值与高管激励作用相互关系研究

会计信息噪音对会计信息估值作用与契约激励作用都有着负向影响,由此可知会计信息的估值作用与激励作用之间有存在某种关系的可能性。本章将在现有文献的基础上,假设高管拥有私人信息且风险厌恶,构造在此条件下的委托代理模型,分析会计信息的激励作用;构造估值模型分析会计信息的估值作用,继而在模型基础上分析会计信息激励作用与估值作用之间是否存在某种关系。

1 模型推导:假设高管拥有私人信息且风险厌恶

在 Paul(1992)的模型中"产出"(payoff)包含两项:一是与高管行为相关项;二是随机项,与高管行为无关。在纯道德风险框架下,市场与高管面对着相同的信息集,从而使得市场能够正确预期高管行为或努力程度,因此在会计信息估值作用中,信息的作用仅仅是帮助市场修正对随机产出项的预期,会计信息对高管努力程度的敏感度是无关变量,与随机产出项的相关性才是相关变量。而在激励作用中,会计信息恰恰是用来对高管进行激励而使其采取高努力程度,因此会计信息对高管努力程度的敏感度是重要的相关变量,从而最终表现出会计信息估值作用与其激励作用之间的相互独立。显然,这里的结论与前提假设"市场能够正确预期到高管行为"密切相关。如果市场不能够正确预期高管行为,则信息的估值作用就不仅包括帮助市场修正对随机产出项的预期,也能够帮助市场修正对与高管行为相关的产出项的预期,从而有可能建立起会计信息估值作用与激励作用之间的关系(Lambert,2001)。[①] 因此,本研究将假设高管拥有私人信息,即市场不能正确预期到高管行为或努力程度,建立起在此前提假设下的委托代理框架,检验会计信息估值作用与激励作用之间是否存在某种关系。本研究假设高管比股东拥有更多的信息,即高管在签订契约后对所处状态有更多的了解。我们假设所处状态会影响高管行为的边际产出,既表现在以业绩衡量指标表示的边际产出上,也表现在公司真实价值的边际产出上,因此,高管所拥有的关于所处状态的优势信息会影响到他所决定采取的行为或付出的努力程度。由于受所处状态的影响,对于股东来说,业绩衡量指标的边际产出与公司真实价值的边际产出都是随机变量,而高管行为受边际业绩衡量指标的影响,因此高管行为也是随机变量,从而使得股东与市场都无法正确预期高管将采取的行为。已有一些文献在对高管业绩衡量指标进行研究时假设高管拥有私人信息,如 Baker(1992)假设高管拥有私人信息,基于代理人风险中立假设,研究了当代理人的收入不基于委托人的目标时薪酬契约的特点。Bushman et al.(2000)研究了高管拥有私人信息对代理价值的影响,认为业绩衡量指标并不能很好地反映高管行为的经济后果,加上高管拥有私人信息,导致破坏了代理价值。文章利用解析框架给出了什么情况下代理是有价值的,什么情况下是没有价值的,文章分别对高管风险中立以及风险厌恶两种情况进行了分析。除了 Baker(1992)、Bushman et al.(2000)基于高管

[①] 本研究利用 Lambert(2001)的相关叙述作为假设高管拥有私人信息的一个动机,此外作者希望给出一个更符合现实的模型。作者认为相对于外部股东,高管或多或少拥有一些私人信息,假设高管拥有私人信息是更加符合一般现实的。

风险中立进行研究之外,Bushman et al.(2006)对会计盈余估值作用与激励作用之间相互关系的实证研究同样也给出了基于风险中立高管的委托代理模型。然而,假设高管风险中立,则存在以下情况:

首先,与现实不相符,对现实中高管态度更一般的假设应该为风险厌恶。作为自然人,高管风险厌恶是一般假设。虽然文献中对权益性薪酬特别是股票期权对高管风险行为的影响进行了大量研究,但并没有得出统一的结果,且此类薪酬存在的一个原因正是为了解决高管风险厌恶而导致的与风险相关的代理问题(下一章对此问题有详细讨论)。另外,在模型设定中,风险中立可以视为风险厌恶的一个特例,因此基于风险厌恶设定的模型可以得到风险中立假设下的结果。

其次,假设高管风险中立,则不存在激励问题(Lambert,2001)。道德风险问题的存在是激励问题的来源,而假设高管风险中立则不存在道德风险问题(Harris,Raviv,1979),自然也就没有激励问题的存在了;另外,如果高管风险中立,那么可以达到最优契约安排(张维迎,博弈论与信息经济学)。只要企业可以被定价,此时就相当于将企业卖给高管,即股东拿固定收入,而高管拿剩余收入,那么高管将相当于为自己努力工作,此时道德风险问题将消失,激励问题被内化。

最后,高管风险厌恶会影响到高管努力程度的选择,当高管不确定自己的努力对业绩衡量指标的影响时,高努力则意味着高风险,因此风险厌恶的高管在面临此种不确定情况时会自动选择低水平努力程度(Bushman et al.,2000),从而影响到薪酬契约的激励效果。

基于以上论述,本研究将在 Baker(1992)、Bushman et al.(2000)等文献的基础上假设高管拥有私人信息,且风险厌恶,建立起基于这些前提假设的委托代理模型及估值模型,探讨会计信息估值作用与激励作用之间是否存在某种相互关系。具体来说,这里的模型基于以下假设:

（1）高管有着关于所处状态的优势信息，且市场与股东都知道这一点。本研究假设高管在签订契约之后、采取行动以前观察到信号 y，并且以此来表示高管所拥有的优势信息。

（2）高管的努力程度对业绩衡量指标的边际影响以及对公司价值的边际影响都受到所处状态的影响。

（3）由于高管努力程度受边际业绩衡量指标影响，因此高管所拥有的关于所处状态的优势信息会影响高管的努力程度，从而市场无法正确预期高管的努力程度。

由于所处状态会影响高管努力程度的边际产出（边际真实企业价值、边际业绩衡量指标），因此对于股东来说，这些边际产出可以被认为是随机变量。而边际业绩衡量指标又会影响高管的努力程度，因此对于股东来说，高管的努力程度也可以被视为随机变量（Baker，1992）。

本研究以会计盈余代表作为业绩衡量指标的会计信息，其表达式为 $EARN = \varepsilon_e * a$，其中 ε_e 服从期望为 μ_e、方差为 σ_e^2 的正态分布；公司真正产出表达式为 $V = \varepsilon_v * a$，其中 ε_v 服从期望为 μ_v、方差为 σ_v^2 的正态分布，并且可以不失一般性地假设 $\mu_e = \mu_v = \mu$；[①]高管薪酬表达式为 $S = b + \beta * EARN$，采取线性契约是因为相关文献大多采用线性契约形式，如 Paul(1992)、Lambert(2001)、Bushman et al.(2006)等，这其中最重要的原因是模型的可解性，同时也因为 Holmstrom、Milgrom(1987)指出在高管负指数效用函数下存在最优线性契约。信号 y 表示高管得到的对所处状态的优势信息，服从期望为 μ_y、方差为 σ_y^2 的正态分布。$Cov(\varepsilon_v, \varepsilon_e) > 0$[②] 且 $Cov(\varepsilon_e, y)$

[①] Bushman et al.(2006)论述这样的假设不失一般性，且 Baker(1992)表明即使不作此假设，也可以通过标准化的手法使其相等。

[②] Bushman et al.(2006)也作了同样假设。简单理解，若高管努力的边际产出与边际业绩衡量指标之间为负向关系，则契约中应当赋予盈余负权重，而现实中并没有如此设定的契约；另外，若高管努力的边际产出与边际业绩衡量指标之间没有关系，则股东无法通过利用盈余来激励高管而带来高产出。

$Cov(\varepsilon_v, y) > 0$,即高管私有信息 y 与边际业绩衡量指标的变动方向及边际企业价值的变动方向一致。

这里事件发生的时间顺序如下:①首先是高管与企业签订契约,然后高管观察到关于其所处状态的优势信息 y,接着高管采取相应行动 a,得到相应产出 V 及业绩衡量指标 EARN,最后依照契约进行分配。如下图所示:

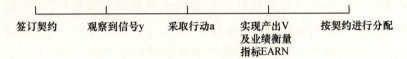

图 4-1 事件发生的时间顺序

1.1 会计盈余激励作用

本研究基于 Bushman et al. (2000)模型基础推导会计盈余激励作用的大小。假设委托人风险中立,高管风险厌恶,高管的效用函数为:

$$U = -\exp[-r(s - 0.5a^2)]$$

其中,r 为风险厌恶系数,$0.5a^2$ 为付出努力的成本。本研究假设这里的风险厌恶系数是恒定的,意味着高管的风险厌恶程度不受其自身财富的影响,从而不会影响到对其激励。本研究采用负指数效用函数表示代理人的效用函数主要有两个原因:首先负指数效用函数下一阶导数大于零,二阶导数小于零,从而符合风险厌恶高管的效用函数特征;其次,本研究假设的契约形式是线性契约,而在负指数效用函数下,可以存在一个最优契约是线性的(Holmstrom, Milgrom, 1987)。在上文的模型设定下,最优薪酬契约要最大

---

① 本研究的时间轴安排是先签订契约,然后观察到信号,这一安排会对模型的具体求解过程产生影响继而影响到最终结果,但这样的时间轴安排不失一般性。事实上先观察到信号再签订契约也是可行的,但本研究未对如此安排下的模型结果作讨论,因此对于结果也没有预期,未来可以尝试解决这一问题。

化下列表达式:

$$E[V-S] = E[\varepsilon_v * a] - E[b + \beta * EARN] \quad (1)$$

(1)式目标函数要同时满足激励理性与激励相容两个条件。由上面的时间顺序可以看到,签订契约是第一步,因此在签订契约时,高管并不知道他进入企业之后所面临的状态,也没有任何关于所处状态的信号。但股东与高管有着关于所处状态的先验预期,因此激励理性条件是针对预期层面上的所处状态而言的,即下列激励理性条件要满足:

$$IR: E\{-\exp[-r(b + \beta * EARN - 0.5a^2)]\}$$
$$= -\exp(-r\bar{U}) \quad (2)$$

$\bar{U}$ 为高管在市场上的机会薪酬。高管在采取行动前观察到了信号 y,因此激励相容条件意味着针对每一个信号 y,高管都会选择一个对应的努力程度 a 来最大化其效用,即激励相容条件为:

$$IC: a\text{ 最大化 } EU[b + \beta * EARN \mid y - 0.5a^2]$$

利用确定性等价即 a 要最大化下述(3)表达式:

$$E[b + \beta * EARN \mid y] - 0.5r * var(b + \beta * EARN \mid y) - 0.5a^2 \quad (3)$$

由式(3)对 a 求导可得高管观察到一个特定信号时选择的努力程度为:

$$a*(y) = \frac{\beta E(\varepsilon_e \mid y)}{1 + r\beta^2 Var(\varepsilon_e \mid y)} \quad (4)$$

将(4)式代入(2)式,得到:

$$b = -\frac{1}{2r}\ln\left[\frac{1 + r\beta^2 \sigma_e^2}{1 + r\beta^2 Var(\varepsilon_e \mid y)}\right] - \frac{1}{2}\frac{\beta^2 \mu^2}{(1 + r\beta^2 \sigma_e^2)} + \bar{U} \quad (5)$$

(1)式的目标函数就相当于最大化为:

$$E[\varepsilon_v a*(y)] - E[b + \beta \varepsilon_e a*(y)] \quad (6)$$

将(4)式、(5)式代入(6)式,则可得最优化问题转化为最大化下述(7)表达式:

$$\beta\frac{E[\varepsilon_v E(\varepsilon_e \mid y)] - \beta E[\varepsilon_e E(\varepsilon_e \mid y)]}{1 + r\beta^2 \text{Var}(\varepsilon_e \mid y)} + \frac{1}{2}\frac{\beta^2 \mu^2}{(1 + r\beta^2 \sigma_e^2)}$$

$$+ \frac{1}{2r}\ln\left[\frac{1 + r\beta^2 \sigma_e^2}{1 + r\beta^2 \text{Var}(\varepsilon_e \mid y)}\right] - \bar{U} \tag{7}$$

(7)式对 β 求导得：

$$\frac{E[\varepsilon_v E(\varepsilon_e \mid y)] - \beta E[\varepsilon_e E(\varepsilon_e \mid y)] - r\beta^2 R}{[1 + r\beta^2 \text{Var}(\varepsilon_e \mid y)]^2} = 0 \tag{8}$$

其中：

$$R = \text{Var}(\varepsilon_e \mid y) E[\varepsilon_v \cdot E(\varepsilon_e \mid y)]$$

$$+ \frac{\beta \text{Cov}(\varepsilon_e, y)^2}{\sigma_y^2 (1 + r\beta^2 \sigma_e^2)}\left\{E[\varepsilon_e \cdot E(\varepsilon_e \mid y)]\right.$$

$$\left.+ \mu^2 \frac{1 + r\beta^2 \text{Var}(\varepsilon_e \mid y)}{(1 + r\beta^2 \sigma_e^2)}\right\}$$

$$E[\varepsilon_v E(\varepsilon_e \mid y)] = \mu^2 + \frac{\text{Cov}(\varepsilon_e, y)\text{Cov}(\varepsilon_v, y)}{\sigma_y^2}$$

$$E[\varepsilon_e E(\varepsilon_e \mid y)] = \mu^2 + \frac{\text{Cov}(\varepsilon_e, y)^2}{\sigma_y^2}$$

对(8)式化简得：

$$\mu^2 + \frac{\text{Cov}(\varepsilon_e, y)\text{Cov}(\varepsilon_v, y)}{\sigma_y^2} - \beta\mu^2 - \frac{\beta\text{Cov}(\varepsilon_e, y)^2}{\sigma_y^2} - \beta^2 r\mu^2 \text{Var}(\varepsilon_e \mid y)$$

$$- \frac{\beta^2 r \text{Var}(\varepsilon_e \mid y)\text{Cov}(\varepsilon_e, y)\text{Cov}(\varepsilon_v, y)}{\sigma_y^2} - \frac{\beta^3 r \text{Cov}(\varepsilon_e, y)^2 \mu^2}{\sigma_y^2 (1 + r\beta^2 \sigma_e^2)}$$

$$- \beta^3 r \frac{\text{Cov}(\varepsilon_e, y)^4}{\sigma_y^4 (1 + r\beta^2 \sigma_e^2)} - \frac{\beta^3 r \text{Cov}(\varepsilon_e, y)^2 \mu^2 (1 + r\beta^2 \text{Var}(\varepsilon_e \mid y))}{\sigma_y^2 (1 + r\beta^2 \sigma_e^2)^2}$$

$$= 0 \tag{9}$$

对(9)式以分母 $\sigma_y^4 (1 + r\beta^2 \sigma_e^2)^2$ 通分，再将分子除以 $\sigma_y^2 (1 + r\beta^2 \sigma_e^2)^2$ 得：

$$\mu^2 \sigma_y^2 + \text{Cov}(\varepsilon_e, y)\text{Cov}(\varepsilon_v, y) - \beta\mu^2 \sigma_y^2 - \beta\text{Cov}(\varepsilon_e, y)^2$$

$$-\beta^2 r\mu^2 \sigma_y^2 \text{Var}(\varepsilon_e \mid y))$$

$$-\beta^2 r\text{Var}(\varepsilon_e \mid y)\text{Cov}(\varepsilon_e,y)\text{Cov}(\varepsilon_v,y)$$

$$-\frac{r\beta^3\mu^2\text{Cov}(\varepsilon_e,y)^2}{(1+r\beta^2\sigma_e^2)} - \frac{r\beta^3\text{Cov}(\varepsilon_e,y)^4}{\sigma_y^2(1+r\beta^2\sigma_e^2)}$$

$$-\frac{r\beta^3\mu^2\text{Cov}(\varepsilon_e,y)^2(1+r\beta^2\text{Var}(\varepsilon_e \mid y))}{(1+r\beta^2\sigma_e^2)^2} = 0$$

上式进一步化简为：

$$[\mu^2\sigma_y^2 + \text{Cov}(\varepsilon_e,y)\text{Cov}(\varepsilon_v,y)] \cdot (1 - \beta^2 r\text{Var}(\varepsilon_e \mid y))$$

$$-\beta(\mu^2\sigma_y^2 + \text{Cov}(\varepsilon_e \mid y)^2)$$

$$-\frac{r\beta^3\text{Cov}(\varepsilon_e,y)^2}{(1+r\beta^2\sigma_e^2)}\Big[\mu^2 + \frac{\text{Cov}(\varepsilon_e,y)^2}{\sigma_y^2}$$

$$+ \frac{\mu^2(1+r\beta^2\text{Var}(\varepsilon_e \mid y))}{1+r\beta^2\sigma_e^2}\Big] = 0 \quad (10)$$

由方程(10)直接解出 β 较难，因此下文试着论证激励系数 β 具有的性质。首先令 $\text{Cov}(\varepsilon_e,y)\text{Cov}(\varepsilon_v,y) \equiv \text{CC}, \sigma_y^2 \equiv g$，将方程(10)记为 $F(\beta) = 0$，则：

$$\frac{\partial \beta}{\partial \text{CC}} = -\frac{\partial F/\partial \text{CC}}{\partial F/\partial \beta}$$

$$= -\frac{1 - \beta^2 r\text{Var}(\varepsilon_e \mid y)}{-2\beta r\text{Var}(\varepsilon_e \mid y)(\mu^2 g + \text{CC}) - (\mu^2 g + \text{Cov}(\varepsilon_e,y)^2) - \frac{\partial A(\beta)}{\partial \beta}}$$

$$= \frac{1 - \beta^2 r\text{Var}(\varepsilon_e \mid y)}{2\beta r\text{Var}(\varepsilon_e \mid y)(\mu^2 g + \text{CC}) + (\mu^2 g + \text{Cov}(\varepsilon_e,y)^2) + \frac{\partial A(\beta)}{\partial \beta}} \quad (11)$$

其中 $A(\beta)$ 是方程(10)的第三项。为了简化，这里令 $\text{Var}(\varepsilon_e \mid y) \equiv k, \text{Cov}(\varepsilon_e,y) \equiv c, \sigma_e^2 \equiv e$，则：

$$\frac{\partial A(\beta)}{\partial \beta} = \frac{3r\beta^2 c^2(1+r\beta^2 e) - r\beta^3 c^2 * 2\beta re}{(1+r\beta^2 e)^2}$$

$$* \left(\mu^2 + \frac{c^2}{g} + \frac{\mu^2(1+r\beta^2 k)}{1+r\beta^2 e}\right)$$

$$+ \frac{r\beta^3 c^2}{1+r\beta^2 e} * \frac{2\beta rk(1+r\beta^2 e) - (1+r\beta^2 k)*2\beta re}{(1+r\beta^2 e)^2} * \mu^2$$

$$= \frac{r\beta^2 c^2}{(1+r\beta^2 e)^2}\Big[(3(1+r\beta^2 e) - 2\beta^2 re)$$

$$\cdot \left(\mu^2 + \frac{c^2}{g} + \frac{\mu^2(1+r\beta^2 k)}{1+r\beta^2 e}\right)$$

$$+ \frac{\mu^2}{1+r\beta^2 e}(2\beta^2 rk(1+r\beta^2 e) - (1+r\beta^2 k)*2\beta^2 re)\Big]$$

$$= \frac{r\beta^2 c^2}{(1+r\beta^2 e)^2}\Big[(3+r\beta^2 e)\left(\mu^2 + \frac{c^2}{g}\right)$$

$$+ \frac{\mu^2}{1+r\beta^2 e}((1+r\beta^2 k)(3+r\beta^2 e) + 2\beta^2 r(k-e))\Big]$$

$$= \frac{r\beta^2 c^2}{(1+r\beta^2 e)^2}\Big[(3+r\beta^2 e)\left(\mu^2 + \frac{c^2}{g}\right)$$

$$+ \frac{\mu^2}{1+r\beta^2 e}(3 + r^2\beta^4 ke + r\beta^2(5k-e))\Big] \quad (12)$$

由上式可见，上式中唯一可能为负的是 $5k-e$，这里 k 为 $\mathrm{Var}(\varepsilon_e|y)$，$e$ 为 σ_e^2，即 $\mathrm{Var}(\varepsilon_e)$。只要高管的私有信息 y 是有效的，就有 k 小于 e；y 的有用性越大，k 越小，当 y 的有用性大到令 $k<20\%e$ 时，$5k-e<0$；否则 $5k-e>0$。换句话说，只要高管的私有信息 y 不是特别有效，则式（12）肯定大于零。因此，本研究这里先假设：高管的私有信息没有特别有效，即 $\mathrm{Var}(\varepsilon_e|y) \geq 20\% \mathrm{Var}(\varepsilon_e)$，因此式（12）大于零。事实上，由于在式（12）中除了 $5K-e$ 之外其余项均为正，因此完全有可能不需要 $\mathrm{Var}(\varepsilon_e|y) \geq 20\% \mathrm{Var}(\varepsilon_e)$ 这个限制条件，式（12）也恒定为正，为了数学上的方便，本研究假设 $\mathrm{Var}(\varepsilon_e|y) \geq 20\% \mathrm{Var}(\varepsilon_e)$，令其为正，本质上是更为稳健的结果。由于

$$\mathrm{Var}(\varepsilon_e|y) = \sigma_e^2 - \frac{\mathrm{Cov}(\varepsilon_e,y)^2}{\sigma_y^2} = \sigma_e^2 - \frac{(\rho_{\varepsilon_e,y}\sigma_e\sigma_y)^2}{\sigma_y^2}$$

$$= \sigma_e^2(1 - \rho_{\varepsilon e,y}^2)$$

因此 $\text{Var}(\varepsilon_e|y) \geq 20\% \text{Var}(\varepsilon_e)$，意味着 $\sigma_e^2(1-\rho_{\varepsilon e,y}^2) \geq 0.2\sigma_e^2$，即 $\rho_{\varepsilon e,y} \leq \frac{2}{\sqrt{5}} \approx 0.894$，即边际业绩衡量指标与信号之间的相关系数不超过 0.894 时可保证式(12)大于零。

式(12)为式(11)分母的第三项，上文证明了其大于零；式(11)分母的第二项显然也大于零；式(11)分母第一项中 β 为高管薪酬激励系数，可以不失一般性地设定取值范围为 0 到 1 之间；而风险厌恶系数 r 为正值，取值越大，越厌恶风险；$\text{Var}(\varepsilon_e|y)$ 也显然大于零；CC 为 $\text{Cov}(\varepsilon_e,y)\text{Cov}(\varepsilon_v,y)$，同样为正值，因此式(11)的分母为正，若分子 $1-\beta^2 r\text{Var}(\varepsilon_e|y)$ 大于零，则式(11)大于零，意味着高管激励系数与 $\text{Cov}(\varepsilon_e,y)\text{Cov}(\varepsilon_v,y)$ 之间成正向关系；否则式(11)小于零，高管激励系数与 $\text{Cov}(\varepsilon_e,y)\text{Cov}(\varepsilon_v,y)$ 成负向关系。由方程(10)可以看到，$1-\beta^2 r\text{Var}(\varepsilon_e|y)$ 肯定大于零。具体来说，方程(10)共有三项，即：

$$[\mu^2\sigma_y^2 + \text{Cov}(\varepsilon_e,y)\text{Cov}(\varepsilon_v,y)] * (1 - \beta^2 r\text{Var}(\varepsilon_e|y))$$
$$- \beta(\mu^2\sigma_y^2 + \text{Cov}(\varepsilon_e,y)^2)$$
$$- \frac{r\beta^3 \text{Cov}(\varepsilon_e,y)^2}{(1+r\beta^2\sigma_e^2)}\left[\mu^2 + \frac{\text{Cov}(\varepsilon_e,y)^2}{\sigma_y^2}\right.$$
$$\left. + \frac{\mu^2(1+r\beta^2 Var(\varepsilon_e|y))}{1+r\beta^2\sigma_e^2}\right] = 0$$

可以看到，后两项减数显然均大于零，因此第一项肯定大于零，即

$$[\mu^2\sigma_y^2 + \text{Cov}(\varepsilon_e,y)\text{Cov}(\varepsilon_v,y)] \cdot (1 - \beta^2 r\text{Var}(\varepsilon_e|y)) > 0$$

其中 $1-\beta^2 r\text{Var}(\varepsilon_e|y)$ 是第一项的一个乘数，由于另一个乘数

$$[\mu^2\sigma_y^2 + \text{Cov}(\varepsilon_e,y)\text{Cov}(\varepsilon_v,y)]$$

大于零，因此 $1-\beta^2 r\text{Var}(\varepsilon_e|y)$ 肯定也大于零，从而式(11)的分子也大于零，即式(11)的分子分母都为正，意味着式(11)为正。式

(11)是高管激励系数对 $\text{Cov}(\varepsilon_e,y)\text{Cov}(\varepsilon_v,y)$ 的偏导数,因此式(11)为正说明了高管激励系数与 $\text{Cov}(\varepsilon_e,y)\text{Cov}(\varepsilon_v,y)$ 成正向关系。

1.2 会计盈余估值作用

$E[V|\text{EARN}]$ 表示盈余估值可以看成是盈余信息对市场预期公司价值的作用,这里市场能够正确预期到高管的努力程度为:

$$a*(y) = \frac{\beta E(\varepsilon_e|y)}{1+r\beta^2 Var(\varepsilon_e|y)}$$

因此:

$$\text{EARN} = \varepsilon_e \cdot \frac{\beta E(\varepsilon_e|y)}{1+r\beta^2 Var(\varepsilon_e|y)}$$

由于 β 已知,则 EARN 中包含的信息就是:

$$\varepsilon_e \cdot \frac{E(\varepsilon_e|y)}{1+r\beta^2 Var(\varepsilon_e|y)}$$

那么:

$$E[V|\text{EARN}]$$
$$= \beta \cdot E\left[\varepsilon_v \cdot \frac{E(\varepsilon_e|y)}{1+r\beta^2 Var(\varepsilon_e|y)} \middle| \varepsilon_e \cdot \frac{E(\varepsilon_e|y)}{1+r\beta^2 Var(\varepsilon_e|y)}\right] \quad (13)$$

会计盈余估值作用即为信息 $\varepsilon_e \cdot \dfrac{E(\varepsilon_e|y)}{1+r\beta^2 Var(\varepsilon_e|y)}$ 对计算 $E\left[\varepsilon_v \cdot \dfrac{E(\varepsilon_e|y)}{1+r\beta^2 Var(\varepsilon_e|y)}\right]$ 的作用。由 Bushman et al. (2006)可知,这一作用的大小取决于 $\text{Cov}(\varepsilon_v,\varepsilon_e)$,确切地说两者是正向关系,即 $\text{Cov}(\varepsilon_v,\varepsilon_e)$ 越大,信息 $\varepsilon_e \cdot \dfrac{E(\varepsilon_e|y)}{1+r\beta^2 Var(\varepsilon_e|y)}$ 对计算 $E\left[\varepsilon_v \cdot \dfrac{E(\varepsilon_e|y)}{1+r\beta^2 Var(\varepsilon_e|y)}\right]$ 的作用越大。这一点不难理解,比如当

$\mathrm{Cov}(\varepsilon_v, \varepsilon_e) = 1$ 即 $\varepsilon_v, \varepsilon_e$ 完全相关时,知道了信息 $\varepsilon_e \cdot \dfrac{E(\varepsilon_e|y)}{1 + r\beta^2 \mathrm{Var}(\varepsilon_e|y)}$ 后,就完全知道了 $\varepsilon_v \cdot \dfrac{E(\varepsilon_e|y)}{1 + r\beta^2 \mathrm{Var}(\varepsilon_e|y)}$;反之,若 $\mathrm{Cov}(\varepsilon_v, \varepsilon_e) = 0$ 时,那么知道信息 $\varepsilon_e \cdot \dfrac{E(\varepsilon_e|y)}{1 + r\beta^2 \mathrm{Var}(\varepsilon_e|y)}$ 对了解 $\varepsilon_v \cdot \dfrac{E(\varepsilon_e|y)}{1 + r\beta^2 \mathrm{Var}(\varepsilon_e|y)}$ 没有任何作用。因此,会计盈余的估值作用与 $\mathrm{Cov}(\varepsilon_v, \varepsilon_e)$ 成正向关系。

2 假设提出

以上分析建立了高管拥有私人信息时会计盈余的激励作用与估值作用的大小。由前文的分析可知会计盈余的激励作用与 $\mathrm{Cov}(\varepsilon_e, y)\mathrm{Cov}(\varepsilon_v, y)$ 之间成正向关系,即当 $\mathrm{Cov}(\varepsilon_e, y)\mathrm{Cov}(\varepsilon_v, y)$ 越大时,盈余在薪酬契约中的系数越大;而会计盈余估值作用与 $\mathrm{Cov}(\varepsilon_v, \varepsilon_e)$ 成正向相关,即 $\mathrm{Cov}(\varepsilon_v, \varepsilon_e)$ 越大,会计盈余估值作用越大。如果假设 ε_e 与 y 的相关系数为 ρ_1,ε_v 与 y 的相关系数为 ρ_2,ε_e 与 ε_v 的相关系数为 ρ_3,则有:

$$\frac{\mathrm{Cov}(\varepsilon_e, y)\mathrm{Cov}(\varepsilon_v, y)}{\mathrm{Cov}(\varepsilon_e, \varepsilon_v)} = \frac{\rho_1 \sigma_e \sigma_y * \rho_2 \sigma_v \sigma_y}{\rho_3 \sigma_e \sigma_v} = \frac{\rho_1 \rho_2}{\rho_3} \sigma_y^2$$

由于模型设定时 $\rho_1 \rho_2$ 为同号,而 ρ_3 为正,因此 $\dfrac{\rho_1 \rho_2}{\rho_3} \sigma_y^2$ 为正,从而使得 $\mathrm{Cov}(\varepsilon_e, y)\mathrm{Cov}(\varepsilon_v, y)$ 与 $\mathrm{Cov}(\varepsilon_v, \varepsilon_e)$ 成正向关系,由此建立起了会计盈余估值作用与激励作用之间的正向关系,从而本研究提出以下假设:

假设:会计盈余估值作用与激励作用之间呈正向关系

值得注意的是,本研究在模型推导过程中为了简化相关数学过程,假设高管私有信号不是特别有效,即 $\mathrm{Var}(\varepsilon_e|y) \geqslant$

20% $\text{Var}(\varepsilon_e)$，但上文已经解释这个条件未必是必要条件，本质上是个充分条件，令结果更为稳健。

3 对假设的解释

本研究试着对盈余估值作用与激励作用之间的正向关系给出直观解释，假设高管拥有关于所处状态的信号 y，且信号 y 会影响高管努力程度，股东也知道这一点。高管在观察到信号 y 之后，再选择相应的努力程度，而股东也要利用高管的这一私有信息，表现为股东会选择与真实企业价值"一致性"最高的业绩衡量指标对高管进行激励，或者说，股东若对盈余赋予高权重，则盈余与真实企业价值的变动必须高度一致，如此高管在看到信号 y 对 ε_e 的影响而采取对盈余有利的行动的同时也会带来对股东有利的 V。因此模型实际体现了股东在设立薪酬契约系数时的两个考虑：

（1）高管所拥有的私有信息的价值。即高管所看到的信号 y 会影响其努力程度，股东要利用这一信号，从而使得高管在追求高业绩衡量指标的同时能带来高真实企业价值。

（2）高管行为对业绩衡量指标与公司真实价值影响的同步性。不难理解，当两者同步性高即意味着高管在追求高薪酬的同时会带来股东所希望的高公司价值，那么股东自然愿意在薪酬契约中对这样的业绩衡量指标赋予高系数。而高同步性反映在模型中即高的 $\text{Cov}(\varepsilon_v, \varepsilon_e)$，$\text{Cov}(\varepsilon_v, \varepsilon_e)$ 越高，表明 ε_e 变大时，ε_v 变大的可能性越大，即盈余与真实价值越有可能同步变动。

因此在盈余的激励作用中，股东通过对与公司真实价值同步性变动可能性高的盈余赋予高权重，使得高管在追求自身所希望的高盈余的同时也越有可能实现股东所希望的高公司价值，从而间接达到对高管私有信号的利用。具体表现为股东利用 $\text{Cov}(\varepsilon_v, \varepsilon_e)$ 来决定在薪酬契约中对盈余信息赋予的激励权重,当 $\text{Cov}(\varepsilon_v,\varepsilon_e)$ 越大时,盈余与真实产出对努力程度的边际变化相关度越高,高管追求高盈余的同时就越有可能带来高企业价值,因此股东愿意对这样的盈余赋予高激励权重;反之,当 $\text{Cov}(\varepsilon_v,\varepsilon_e)$ 越小时,就越有可能是高管行为仅仅带来了高盈余但并没有带来股东所希望的高企业价值,因此股东并不会对这样的盈余赋予高激励权重。盈余的估值作用大小也与 $\text{Cov}(\varepsilon_v,\varepsilon_e)$ 成正向关系,体现在 $\text{Cov}(\varepsilon_v,\varepsilon_e)$ 越大时,盈余与真实价值越有可能同步变动,盈余即 $\varepsilon_e \cdot a$ 对预期 $\varepsilon_v \cdot a$ 的作用越大,由此可以看到,盈余的激励作用与估值作用之间通过 $\text{Cov}(\varepsilon_v,\varepsilon_e)$ 建立起了关系。因此,在激励契约中,股东根据盈余与真实企业价值之间同步变化的可能性对盈余赋予相应权重;在估值中,市场根据盈余与真实企业价值之间同步变化的可能性对企业进行估值,从而使得盈余估值作用与激励作用之间建立起了正向联系。这种盈余与真实企业价值之间变化的同步性某种程度上与 Lambert(2001)所讨论的业绩衡量指标与真实价值之间的一致性(congruity)类似,只不过在本研究的模型设定下,这种变化同步性既是激励契约的关注点,也是估值作用的关注点,而在 Lambert(2001)的讨论中"一致性"是设计薪酬契约中业绩衡量指标权重的关键。

另外,本研究还提供以下两个更直接的视角:

(1)当盈余估值作用越大时,股东越希望有高盈余,因为此时市场会给出高估值。由于高管越努力,越有可能带来高盈余,[1]因此当估值作用越大时,股东越希望高管采取高努力从而带来高盈余,当盈余可以对高管起到激励作用时,股东会加大基于盈余的激励力度,从而表现出估值作用与激励作用之间的正向关系。

(2)在设计激励契约中,当对于高管努力的边际真实产出预期

---

[1] 激励问题内在的一阶随机占优假设。

越大时,股东越愿意加大激励力度。在估值中,由于盈余部分取决于高管努力程度,因此市场在根据盈余进行估值时,可能反映了市场对于高管努力程度的边际真实产出的预期(Bushman、Smith,2001),从而通过对边际真实产出的预期建立起了盈余估值作用与激励作用之间的正向关系。本质上这与上文给出的解释是类似的,上文有关正向关系的分析表明盈余估值作用与激励作用之间在一定条件下通过 $Cov(\varepsilon_v,\varepsilon_e)$ 建立起正向关系,$Cov(\varepsilon_v,\varepsilon_e)$ 越大,激励作用越大,估值作用也越大,也表明当 ε_e 增大时,ε_v 增大的可能性越大,因此 $Cov(\varepsilon_v,\varepsilon_e)$ 本质上反映了股东或市场对边际真实产出的预期。

4 本章小结

本章基于高管风险厌恶及拥有私人信息的前提下建立解析模型讨论会计信息估值作用与激励作用之间的相互关系。模型结果显示,会计信息估值作用与激励作用之间通过高管努力的边际业绩衡量指标与边际真实价值之间的协方差建立起正向关系。边际业绩衡量指标与边际真实价值之间的协方差反映了业绩衡量指标与真实企业价值之间同步变化的可能性,因此结果表明了会计信息与真实企业价值同步变化的可能性大小影响其在市场估值与激励契约中的作用,由此两者之间建立起了正向关系。

参考文献

1. 张维迎,博弈论与信息经济学[M],上海人民出版社,1996.
2. G. Baker, Incentive Contracts and Performance Measurement[J], Journal of Political Economy, 1992, 100:598—614.
3. R. M. Bushman, E. Engel, A. Smith, An Analysis of the Relation between the Stewardship and Valuation Roles of Earnings[J], Journal of Accounting Research,

2006, 44:53—83.

4. R. M. Bushman, R. J. Indjejikian, M. C. Penno, Private Predecision Information, Performance Measure Congruity, and the Value of Delegation[J], Contemporary Accounting Research, 2000, 17:561—587.

5. R. M. Bushman, A. J. Smith, Financial Accounting Information and Corporate Governance[J], Journal of Accounting and Economics, 2001, 32:237—333.

6. M. Harris, A. Raviv, Optimal Incentive Contracts with Imperfect Information[J], Journal of Economic Theory, 1979, 20:231—259.

7. B. Holmstrom, P. Milgrom, Aggregation and Linearity in the Provision of Intertemporal Incentives[J], Econometrica, 1987, 55:303—328.

8. R. Lambert, Contracting Theory and Accounting[J], Journal of Accounting and Economics, 2001, 32:3—87.

9. J. Paul, On the Efficiency of Stock-based Compensation[J], Review of Financial Studies, 1992, 5:471—502.

第 5 章　会计信息市场估值与高管激励作用相互关系的实证研究

——基于 A 股盈余信息的检验

本章将进一步利用中国 A 股市场数据实证检验会计信息市场估值与高管激励两大作用之间的相互关系,以提供基于中国市场的经验证据。

1　模型

本研究在参考 Bushman et al. (2006)、Banker et al. (2009)、Banker et al. (2010) 的基础上,采用以下模型对会计盈余估值作用与激励作用之间的相互关系进行检验:一是水平值模型,二是变化值及其他模型。

本研究的检验分两步进行:首先利用以下两个模型分别产生出会计盈余激励系数(CEC)与估值系数(VEC):

$$\ln COMP_{i,t} = \alpha_0 + \alpha_1 ROA_{i,t} + \alpha_2 R_{i,t} + \mu_{i,t} \tag{1}$$

$$AdjR_{i,t} = \beta_0 + \beta_1 EPS_{i,t}/P_{i,t-1} + \varepsilon_{i,t} \tag{2}$$

其次,再采用下面模型检验会计盈余估值作用与激励作用之间的相互关系:

$$CEC_{YI} = \gamma_0 + \gamma_1 VEC_{YI} + \gamma_2 SIZE_{YI} + \gamma_3 LEV_{YI}$$
$$+ \gamma_4 MB_{YI} + \gamma_5 Var(ROA)_{YI} + \gamma_6 Var(R)_{YI}$$
$$+ \gamma_7 (PERS)_{YI} + YEAR + e_{YI} \tag{3}$$

LnCOMP 为上市公司前三名高管薪酬总额的自然对数;ROA

为公司的总资产净利润率,等于净利润/总资产平均余额,其中总资产平均余额等于(总资产期末余额+总资产期初余额)/2;R 为上市公司当年 5 月至次年 4 月的股票年回报率,R 在此是为了控制所有其他影响高管薪酬的因素;AdjR 为经过市场回报调整后的公司年回报,等于 R 减去公司所在市场的年回报;EPS/P 为经过上年末股价标准化后的每股收益。CEC 为模型(1)中的回归系数 α_1,即某年度某行业会计盈余激励系数;VEC 为模型(2)中的回归系数 β_1,即某年度某行业会计盈余估值系数;控制变量包括 SIZE、LEV、MB,分别为对应年度行业内上市公司总资产中值、资产负债率中值及市值账面比中值;控制变量 Var(ROA)、Var(R)分别为对应年度行业内上市公司 ROA 的方差、R 的方差;控制变量 PERS 为对应年度行业上市公司盈余持续性,即对应年度行业内上市公司当期盈余与上期盈余回归所得到的回归系数。各控制变量的加入是在参考现有文献的基础上:由 Smith、Watts(1992),Banker et al.(2009)可知,规模 SIZE 与高管薪酬呈正向关系;杠杆 LEV 与 CEC 呈负向关系(Banker et al.,2009);MB 表示公司成长性,成长性越大的企业,会计信息薪酬敏感度越小(Smith,Watts,1992;Gaver,Gaver,1993);业绩衡量指标在契约中的权重与其敏感度成正比,与其噪音成反比(Lambert,2001);盈余持续性越大,高管薪酬对会计信息的利用越大(Baber,Kang,Kumar,1998)。各变量的定义见表 5-1 所示:

表 5-1 变量定义

变量名	变量定义
第一步	
LnCOMP	上市公司前三名高管薪酬总额的自然对数
ΔLnCOMP	上市公司前三名高管薪酬总额自然对数的变化值
R	上市公司当年 5 月至次年 4 月的股票年回报率
Adj$R$	经过市场回报调整后的公司年回报

(续表)

变量名	变量定义
P	上市公司 4 月底的股票收盘价
ROA	总资产净利润率,等于净利润/总资产平均余额
EPS/P	经过上年末股价标准化后的每股收益
ΔEPS/P	上年末股价标准化后的每股收益的变化值
BPS	上市公司年报每股净资产
	第二步
CEC	年度行业层面薪酬对会计盈余回归所得系数,即年度行业层面模型 1 回归系数
VEC	年度行业层面调整回报率对会计盈余回归所得系数,即年度行业层面模型 2 回归系数
SIZE	年度行业层面上市公司总资产中值
LEV	年度行业层面上市公司资产负债率中值
MB	年度行业层面上市公司市值账面比中值
Var(ROA)	年度行业层面上市公司总资产净利润率的方差
Var(ΔEPS)	年度行业层面上市公司每股收益变化值的方差
Var(R)	年度行业层面上市公司年度回报的方差
PERS	年度行业层面上市公司盈余持续性,其中盈余持续性由年度行业内所有公司当期盈余对上期盈余回归所得系数表示

需要交代的是,本研究中的高管薪酬是来自 CSMAR 国泰君安数据库,为了最大化样本数,采用披露量最大的前三名高管的薪酬,根据数据库的说明,这一薪酬数据指的是现金薪酬,不包括权益类薪酬。只关注现金薪酬对检验没有影响,原因有如下几点:

(1)笔者跟随 Bushman et al.(2006)的研究,即在研究盈余激励作用与估值作用相互关系时仅仅关注现金薪酬,理由是 Core,Guay,Verrecchia(2003)的研究表明当使用现金薪酬时标准代理问题模型的预测得到支持,但当薪酬扩展至包括权益部分所得及投资组合价值变化时标准代理问题模型的预测并未得到支持。

(2)Bushman et al.(2006)认为激励计划的不同部分代表了

不同目的,比如现金部分是为了激励高管努力工作,而权益部分则是为了留住人才、激励高管风险行为及从长期价值角度出发考虑问题,因此利用现金薪酬更符合本研究框架下的激励问题。

(3) Core,Guay,Verrecchia(2003)在解释为何现金薪酬的变动符合标准代理问题的预期,而包括权益在内的总薪酬的变动却不符合时提出了推测:CEO的红利计划并不是为了激励CEO,而是为了将该计划推行到下层组织结构中的未持有公司期权或股票且没有很多外在压力的员工,即为了更有效的组织激励目的。现实中由于契约摩擦的存在,相对于让高管采取不同的激励计划然后向员工解释这是由于高管有诸如持股、期权等其他激励手段的存在,也许让高管的激励计划与低层级中员工的激励计划相似会更有效率。如果这个成立的话,高管现金薪酬下标准代理问题的预测得到支持是因为高管现金薪酬的变动实际上反映了低层级管理者的最优契约,即某个激励组织层级中员工的契约设计,如红利计划,可能对某些人来说是多余的,比如CEO,但是对于整个组织来说是有效的。因此高管现金薪酬的设定是反映组织层面最有效的激励契约设计,从而与标准代理问题的预测一致。

以上这些解释都只能部分支持只关注现金薪酬的可行性,因此为了稳健起见,本研究在后文的敏感性测试部分对高管持股及高管股权激励计划作单独考虑。

2 样本

本研究采用CSMAR国泰安数据库,选取了2002—2012年的上市公司薪酬数据、股票市场数据及财务报表数据。在数据匹配及删除极端值后共有14627个公司—年度样本,分布于2002—2012年。单独公司层面的检验能够很好地控制公司层面特征的影响,但每个公司最多只有11个年度可用,会导致公司层面回归没有效力,因此本研究对会计盈余估值作用与激励作用之间相互关系的研究采取年度行业层面检验。年度行业层面检验由于某年度某行业内公司样本量增多使得对会计盈余激励系数 CEC 及估值系数 VEC 的回归有效力,但同时使得检验两者之间相互关系的总体样本量比较少,且不能很好地控制公司层面特征的影响,而是内在地假设某年度同行业各公司之间关键特征一致。为最大化第二步年度行业层面检验的样本量,本研究以 20 个公司年度样本为界限,即在 14627 个公司年度样本中,当某年度某行业包含公司样本量大于等于 20 个就保留该行业,否则删除该年度行业样本。行业代码直接来自于 CSMAR 数据库,而该数据库中行业代码来自于中国证监会 2001 年发布的《上市公司行业分类指引》。在经过这样的处理后,最终有效样本为 10699 个公司年度样本,代表 11 个年度 246 个观测。对该 246 个年度行业中的公司层面数据利用模型(1)(2)进行回归得出 CEC、VEC,在删除 CEC、VEC 1% 层面极端值之后样本为 238 个。从理论上来说,会计盈余估值系数 VEC、激励系数 CEC 都不可能为负,因此本研究再删除 CEC、VEC 小于零的样本,最终有 182 个观测,减少的 56 个样本中有 39 个是 VEC 为负的样本,针对负值 CEC、VEC 样本的处理,一方面,本研究会同时列示包括负值在内的数据检验结果,使得结果更完整;另一方面,本研究在敏感性测试中采用模型解释力 R^2 来表征盈余的估值作用以解决大量负值 VEC 问题。表 5-2、5-3 分别给出了这些观测的年度及行业分布,表 5-4 给出了相关数据的描述性统计。

表 5-2 样本年度分布

年度	全样本	删除 CEC、VEC 为负后
2002	17	15
2003	20	18
2004	21	18

(续表)

年度	全样本	删除 CEC、VEC 为负后
2005	20	16
2006	16	7
2007	20	15
2008	22	17
2009	23	12
2010	23	17
2011	27	25
2012	29	22
合计	238	182

表 5-3 样本行业分布

行业代码	行业名称	全样本	删除负值 CEC、VEC 后
B01	煤炭采选业	4	1
C01	食品加工业	8	5
C03	食品制造业	1	0
C05	饮料制造业	10	7
C11	纺织业	11	7
C13	服装及其他纤维制品制造业	1	0
C31	造纸及纸制品业	5	2
C43	化学原料及化学制品制造业	11	9
C47	化学纤维制造业	2	2
C49	塑料制造业	2	1
C51	电子元器件制造业	10	9
C61	非金属矿物制品业	11	9
C65	黑色金属冶炼及压延加工业	11	9
C67	有色金属冶炼及压延加工业	10	9
C69	金属制品业	3	3
C71	普通机械制造业	10	10
C73	专用设备制造业	10	8
C75	交通运输设备制造业	11	9
C76	电器机械及器材制造业	11	10
C81	医药制造业	11	10
C99	其他制造业	1	0
D01	电力、蒸汽、热水的生产和供应业	11	11
E01	土木工程建筑业	6	6

（续表）

行业代码	行业名称	全样本	删除负值 CEC、VEC 后
F11	交通运输辅助业	11	6
G81	通信及相关设备制造业	11	3
G87	计算机应用服务业	10	8
H11	零售业	11	9
H21	商业经纪与代理业	2	1
J01	房地产开发与经营业	11	8
M	综合类	11	10
合计		238	182

表 5-4　数据描述性统计

	min	med	mean	max	sd	N
CEC	0.031	4.179	4.642	17.777	3.125	182
VEC	0.021	2.257	2.637	9.248	1.836	182
SIZE	20.608	21.463	21.617	24.001	0.666	182
LEV	0.305	0.507	0.504	0.774	0.094	182
MB	1.066	2.203	2.663	8.508	1.264	182
$Var(ROA)$	0.000	0.003	0.005	0.032	0.005	182
$Var(R)$	0.008	0.070	0.181	3.562	0.439	182
PERS	-1.874	1.012	0.986	3.031	0.583	182

本研究在实证部分主要以删除负值 CEC、VEC 之后的数据检验为主,但同时也会列示包括负值在内的数据检验结果,以示参考。由表 5-2 可以看到,年度观测最少的年份是 2006 年,只有 16 个,最多的是 2012 年,有 29 个;在删除了 CEC、VEC 为负的样本之后,最少年份仍然是 2006 年,只有 4 个样本,而最多的年份是 2011 年,有 25 个。样本量减少最多的年度是 2009 年,由 23 减少到了 12 个[①],其次是 2006 年,减少了 9 个,除 2006 和 2009 年度外,其他年度都是比较均匀地减少了几个样本。再看行业分布,比较明显的特征是制造业占据绝大多数,在全样本检验中,30 个行业类别中有 20 个是属于大的制造业下面的二级科目,删除 CEC、VEC 为负的样本后,27 个行业类别中有 17 个属于大的制造

---

① 进一步观察数据发现,2009 年减少的 11 个样本中有 10 个为 VEC 小于零的样本。

业之下的二级科目,减少的3个行业类别分别是"C03 食品制造业""C13 服装及其他纤维制品制造业"及"C99 其他制造业",此外,删除 CEC、VEC 为负的样本后,样本量减少最明显的应属"G81 通信及相关设备制造业",由11个减少到3个。

表 5-4 给出了删除负值 CEC、VEC 之后的样本数据描述性统计。值得注意的是,CEC 的中值为 4.179,均值为 4.642,两者均大于1,这与传统理论中所论述的薪酬系数介于0到1之间不符,这一结果同样出现在了 Bushman et al. (2006) 中。造成这一看似不合理结果的原因是薪酬系数的回归模型,以往研究高管薪酬与企业业绩之间敏感性的文献都会控制其他对薪酬产生影响的因素,而在本研究及其他研究盈余估值作用与激励作用之间相互关系的文献中,在薪酬系数的回归模型中只简单控制企业市场回报借以控制其他对薪酬系数产生影响的因素,从而导致回归产生的激励系数有大于1的现象。其次还能看到 CEC 的均值要大于中值,说明分布有右偏现象,在删除1%极值后仍然有较大值存在。再看 VEC 的描述性统计,VEC 最大值为 9.248,最小值仅有 0.021,这跟以往文献结果一致,VEC 的实证值与理论值相比还是偏小。同样,VEC 的均值也大于中值,均值为 2.637,中值为 2.257,说明分布也有右偏现象。其余控制变量的分布没有特别异常之处,这里需要注意的是因为保留三位小数的缘故,Var(ROA)最小值显示为零,但其真实值其实是略大于零的。

3 实证检验结果

根据上文的模型及样本,在实证检验部分,本研究首先给出盈余激励系数 CEC 及估值系数 VEC 之间的散点图及回归线,直观体现两者之间的关系;然后根据模型(3)进一步利用回归检验两者之间是否存在显著的相互关系。

图 5-1 给出了删除负值 CEC、VEC 后的散点图及回归线,图 5-2 同时也给出了包括负值 CEC、VEC 在内的散点图及回归线,以示参考,表 5-5 给出了对应的回归结果。由图 5-1,散点图的分布表明 CEC 与 VEC 之间存在正向关系,而回归线的方向证实了散点图的发现,图 5-2 包括负值的散点图及回归线结果与图 5-1 保持一致;图形的结果在表 5-4 的回归结果中得到了进一步证实。表 5-4 提供了删除负值 CEC、VEC 后盈余激励系数与估值系数之间相互关系的检验结果,同时也给出了包括负值 CEC、VEC 下的结果,以示参考。可以看到,在删除负值的回归结果中,VEC 的系数为正的 0.288,且在 5% 水平下显著,表明了盈余激励系数与估值系数之间的正向关系,说明了当企业会计盈余的估值作用越大时,盈余在其企业薪酬激励契约中的作用也越大。[①] 其他控制变量的结果也都大致与文献相符,如 Var(ROA) 的系数显著为负,

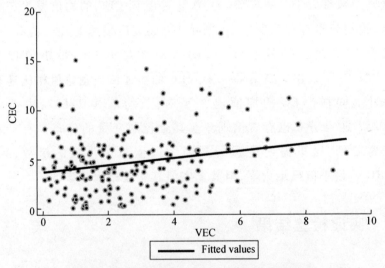

图 5-1 删除负值 CEC、VEC 后的散点图及回归线

---

① 当然,由于中国 A 股企业上市年限的限制,这里的实证设计采用的是年度—行业层面的检验,而并非是公司层面检验。因此严格意义上来说,某行业的盈余估值作用越大时,该行业企业的薪酬契约也越依赖盈余信息。

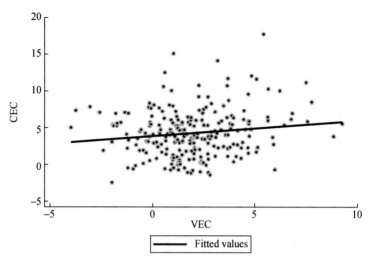

图 5-2　包括负值 CEC、VEC 后的散点图及回归线

说明业绩衡量指标 ROA 波动性越大,薪酬业绩敏感度越小;另外,PERS 的系数显著为正,说明会计盈余的持续性越强,其薪酬激励作用越大。包括负值的回归结果与删除负值的结果保持一致,VEC 的系数为正的 0.248,且在 5% 水平下显著,说明了盈余的估值作用与激励作用之间的正向关系;控制变量中,Var(ROA)的系数显著为负,PERS 的系数显著为正,这也跟删除负值的结果保持一致。

表 5-5　回归结果

	删除负值 CEC、VEC 后 CEC	全样本 CEC
VEC	0.288**	0.248**
	(2.21)	(2.56)
SIZE	0.512	−0.034
	(1.07)	(−0.09)
LEV	−1.904	0.380
	(−0.65)	(0.15)

（续表）

	删除负值 CEC、VEC 后 CEC	全样本 CEC
MB	-0.178	-0.275
	(-0.47)	(-0.92)
Var(ROA)	-259.938***	-121.779***
	(-5.10)	(-3.78)
Var(R)	0.497	-0.907
	(0.51)	(-1.10)
PERS	0.743*	0.716*
	(1.91)	(1.89)
常数项	-5.096	4.614
	(-0.51)	(0.54)
YearDummy	YES	YES
N	182	238
adj. R^2	0.211	0.106

注：省略了年度虚拟变量的回归结果；***、**、*分别表示1%、5%、10%水平下显著。

图 5-3 给出了删除负值后分年度的散点图及回归线。由图可知，2002 至 2012 年，大部分年度的散点图及回归线显示盈余的估值作用与激励作用呈正向关系，仅 2010 至 2012 年，散点图及回归线显示出负向关系的存在。仔细分析不难看出，个别极端值的存在是导致这种负向关系的一个原因，特别是 2012 年，由于右下角几个极端值的存在，使得总体呈现负向关系，但如果去除这几个极端值，2012 年总体是呈正向关系。然而，2010、2011 年负向关系的存在似乎并不是因为个别极端值，这也是值得探讨的问题。

总的来说，实证检验结果表明盈余信息的市场估值作用与薪酬激励作用之间成正向关系，这一结果说明从企业层面来说，当企业的盈余信息的市场估值作用越大时，盈余信息在其薪酬激励契约中的作用也越大。

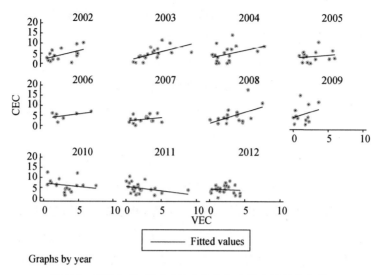

图 5-3 删除负值 CEC、VEC 的分年度散点图及回归线

4 敏感性测试

本节将提供各种敏感性测试结果,以验证上一节实证检验结果的稳健性,主要包括变化值模型下的结果、利用模型解释力 R^2 计量估值作用下的结果、考虑高管持股及股权激励下的结果。

4.1 变化值模型下

无论是盈余反映系数还是薪酬敏感度,文献中都既有基于水平值的模型,也有基于变化值的模型。上文实证检验中产生估值系数及激励系数采取的均是水平值模型,本节的敏感性测试将改用变化值模型,检验结果是否依然成立,以示稳健。另外,上文估值系数模型中用的是 EPS/P,激励系数模型中用的是 ROA,在本节敏感性测试中将统一使用 EPS/P,消除两指标不同可能对结果带来的影响。具体来说,本节将采用下述模型(4)(5)替代上文的模型(1)、(2)分别估计会计盈余的激励系数及估值系数,然后将两个系数带入模型(6)进行回归检验。

$$\Delta \ln COMP_{i,t} = \alpha_0 + \alpha_1 \Delta EPS_{i,t}/P_{i,t-1} + \alpha_2 R_{i,t} + \mu_{i,t} \quad (4)$$

$$AdjR_{i,t} = \beta_0 + \beta_1 \Delta EPS_{i,t}/P_{i,t-1} + \varepsilon_{i,t} \quad (5)$$

$$CEC_{YI} = \gamma_0 + \gamma_1 VEC_{YI} + \gamma_2 SIZE_{YI} + \gamma_3 LEV_{YI} + \gamma_4 MB_{YI}$$
$$+ \gamma_5 Var(EPS)_{YI} + \gamma_6 Var(R)_{YI}$$
$$+ \gamma_7 (PERS)_{YI} + YEAR + e_{YI} \quad (6)$$

其中,$\Delta \ln COMP$ 为前三名高管薪酬自然对数的变化值,$\Delta EPS/P$ 为年初股价标准化后的每股盈余的变化值,其余变量定义同上文。

图 5-4、5-5 给出了对应 CEC、VEC 的散点图及回归线,其中图 5-4 为删除负值 CEC、VEC 后的散点图及回归线;图 5-5 为对应的分年度散点图及回归线。由图 5-4 可以看到,散点图及回归线表明盈余估值作用与激励作用之间存在正向关系。表 5-6 的回归结果进一步证实了散点图及回归线的结果,可以看到,在删除负值 CEC、VEC 的回归中 VEC 系数为正的 0.194,在 10% 水平下显著,说明盈余信息的市场估值作用与薪酬激励作用之间的正向关系。此外,控制变量 SIZE 系数显著为正,说明规模越大的企业盈余激励作用越大;MB 系数也显著为正,说明成长性越大的企业中,盈余的激励作用越大,这些结果支持了相关文献的发现。在包括负值 CEC、VEC 的全样本回归中,模型的调整 R^2 为负,说明整个检验失效,从而使得这组检验结果不能说明任何问题。由于包括负值的检验失效,因此这里作者也没有给出包括负值的散点图。需要注意的是,本节的业绩衡量指标为 EPS 的变化值,因此上文检验中的控制变量 Var(ROA) 在这里改为 Var(ΔEPS),但若使用 Var(ROA),结果也依然成立。最后,从图 5-5 分年度的散点图及回归线可以看到,在变化值模型设定下,所有年度的散点图及回归线都表明了盈余估值作用与激励之间正向关系的存在,支持了解析研究及实证检验的结果。

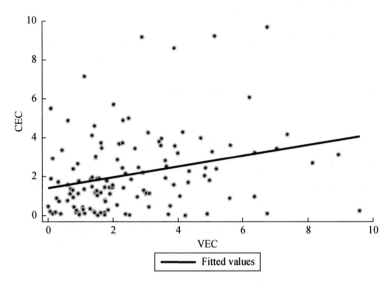

图 5-4　删除负值 CEC、VEC 后的散点图及回归线

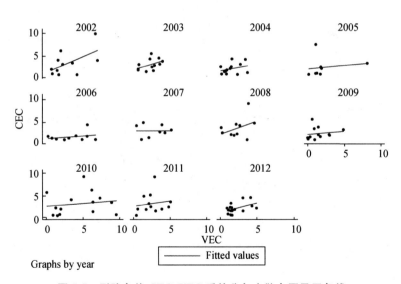

图 5-5　删除负值 CEC、VEC 后的分年度散点图及回归线

表 5-6　变化值模型下的回归结果

	删除负值 CEC、VEC 后 CEC	全样本 CEC
VEC	0.194*	0.147
	(1.88)	(1.58)
SIZE	0.976**	0.550
	(2.53)	(1.46)
LEV	-3.759	0.667
	(-1.57)	(0.28)
MB	0.785**	0.785**
	(2.23)	(2.50)
Var(ΔEPS)	-0.847	-0.841
	(-0.62)	(-0.62)
Var(R)	-0.742	0.109
	(-1.22)	(0.17)
PERS	-0.021	0.117
	(-0.07)	(0.35)
常数项	-18.885**	-13.601*
	(-2.26)	(-1.66)
YearDummy	YES	YES
N	126	215
adj. R^2	0.137	-0.007

注：省略了年度虚拟变量的回归结果；***、**、*分别表示1%、5%、10%水平下显著。

4.2　R^2 计量盈余估值作用

上文的检验中，笔者用盈余反映系数 ERC 表征盈余的估值作用，本节的敏感性测试采用 Banker et al.(2009)中的做法，即用模型的 R^2 来表示盈余估值作用。具体做法为，首先利用模型(7)得出每股净资产 BPS 对股价 P 的解释度，即 R^2_{bps}；再由模型 8 得出在 BPS 基础上加入每股盈余 EPS 后模型的解释力度 R^2_{bpseps}，最后根据等式 9 得出盈余估值作用的变量。盈余的激励系数依然来自模型

1，即水平值的薪酬对 ROA 的回归。利用 R^2 表征盈余估值作用一方面可以检验盈余估值作用计量的稳健性，另一方面可以解决采用盈余反映系数计量盈余估值作用而导致的因 VEC 小于零所引起的样本缺失问题。

$$P_{i,t} = \alpha + \alpha_1 \text{BPS}_{i,t} + \mu_{i,t} \tag{7}$$

$$P_{i,t} = \alpha + \beta_1 \text{BPS}_{i,t} + \beta_2 \text{EPS}_{i,t} + \varepsilon_{i,t} \tag{8}$$

$$R^2 = (R^2_{\text{bpseps}} - R^2_{\text{bps}})/(1 - R^2_{\text{bps}}) \tag{9}$$

图 5-6、5-7 给出了 CEC、R^2 的散点图及回归线，其中图 5-6 为删除负值 CEC 后的散点图及回归线，图 5-7 为包括负值 CEC 的散点图及回归线。可以看到，无论是删除负值 CEC 还是将其包括在内，散点图及回归线都表明 CEC 及 R^2 之间呈现正向关系。表 5-7 进一步给出了回归结果，可以看到，用模型解释度 R^2 表征估值作用解决了上文由于负值 VEC 导致的较为严重的样本缺失问题，此时只有少量的负值 CEC 存在，从而使得删除负值对样本量损失较小。由回归结果可得，在两组检验中，R^2 的系数都显著为正，在删除负值 CEC 之后，系数为正的 4.167，在 1% 水平下显著，包括负值 CEC 的检验结果中，R^2 的系数为正的 4.940，同样在 1% 水平下显著，检验结果表明了盈余的市场估值作用与薪酬激励作用之间成正向关系；控制变量 Var(ROA) 在两组检验中的系数都显著为负，说明盈余信息的波动性越大，其薪酬激励作用越小。图 5-8 给出了删除负值 CEC 后的分年度散点图及回归线，可见，除 2011、2012 年以外，其他年度的散点图及回归线都表明盈余的市场估值作用与薪酬激励作用之间成正向关系，与上文的各组检验结果一致。而 2011、2012 年度正向关系的消失也与上文其他模型下的分年度结果类似，导致这一现象的原因有待研究。

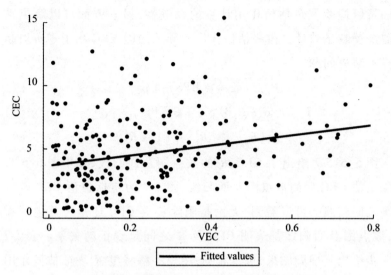

图 5-6 删除负值 CEC 后的散点图及回归线

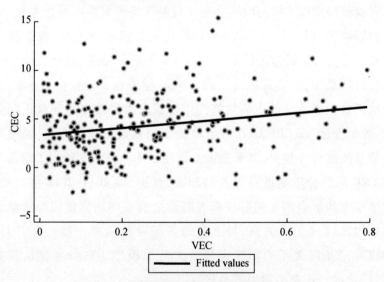

图 5-7 包括负值 CEC 的散点图及回归线

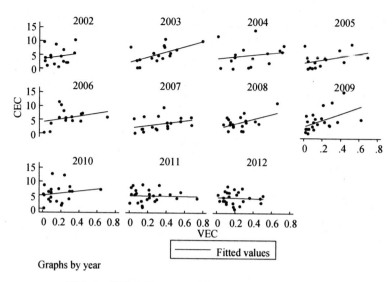

图 5-8 删除负值 CEC 后的分年度散点图及回归线

总的来说,本节利用 R^2 表征盈余估值作用的检验结果与上文的各组检验结果一致,结果表明盈余估值作用与激励作用之间成正向关系。

表 5-7 R^2 表征估值作用下的回归结果

	删除负值 CEC、VEC 后 CEC	全样本 CEC
R^2	4.167***	4.940***
	(3.57)	(3.94)
SIZE	0.301	-0.234
	(0.77)	(-0.57)
LEV	-0.951	-0.578
	(-0.39)	(-0.22)
MB	0.047	-0.544*
	(0.16)	(-1.74)
Var(ROA)	-286.744***	-135.292***
	(-5.41)	(-4.05)
Var(R)	0.109	-0.052
	(0.18)	(-0.07)

（续表）

	删除负值 CEC、VEC 后	全样本
	CEC	CEC
PERS	0.596	0.598
	(1.57)	(1.44)
常数项	-1.511	9.948
	(-0.18)	(1.14)
YearDummy	YES	YES
N	211	228
adj. R^2	0.204	0.127

注：省略了年度虚拟变量的回归结果；***、**、*分别表示1%、5%、10%水平下显著。

4.3 高管持股、股权激励的影响

本研究的实证检验只关注现金薪酬部分，但现实中高管还有基于权益薪酬部分，如高管持股、股票期权等。上文的实证部分检验是建立于现金薪酬基础上的，虽然该做法有相关文献及理论的支持，但为了稳健，本节将专门对高管持股、股票期权等权益性薪酬对所研究问题的影响进行讨论并给出敏感性测试。本节的检验首先是对只关注现金薪酬的检验作出补充，其次是讨论权益性薪酬对高管风险行为的影响。

Jensen Meckling(1976)提到，高管风险厌恶会使得高管放弃高风险但有着正净现值的项目，使用基于权益的薪酬契约是解决这一问题的一个手段。高管薪酬结构中基于权益部分增长很快，如高管持股、股票期权的应用，这种增长的一个效果便是高管的财富对公司股价的敏感性（即 delta）的增长（Coles et al.，2006）。这种敏感性意味着高管利益与股东利益紧密联系在一起，但这并不意味着高管会转变风险态度。事实上，高管个人财富与股价之间的高敏感性会让高管面临更多风险，由于高管无法分散其在公司

财富上的风险,相对于风险分散的股东来说,高管面临更大的风险,因此当净现值为正的项目风险比较大时,高管仍然有可能放弃这种项目。权益薪酬的增长,尤其是股票期权的应用,也会导致高管财富与股票回报波动性之间敏感性的增加。高管薪酬对股票回报波动性的敏感性(即 vega)会帮助抵消高 delta 导致的对风险项目的厌恶。权益薪酬增长导致的两个敏感性的增加,即文献中所讨论的 delta 与 vega,两者对高管风险态度的影响呈相反方向,从而使得权益薪酬对高管风险行为的影响变得复杂。学者们对权益薪酬引起的 delta 与 vega 对高管风险行为的影响进行了一系列研究,结论虽然不完全统一,但也令权益薪酬对高管风险行为的影响更清晰。

4.3.1 相关理论

虽然权益薪酬方式基于的一个前提就是高管风险厌恶,但这也并不能代表这些权益激励方式对高管风险态度没有影响。Hirshleifer,Suh(1992)表明,虽然基于权益的薪酬可以鼓励高管努力工作,但同时也会影响高管对风险项目的态度,最终几乎不能导致高管的风险行为。然而很多学者指出,由于预期股票期权的收益与公司股票回报的波动正相关,即股票回报的波动性会增加期权的价值,因此以股票期权激励风险厌恶的高管也许可以鼓励其采取风险行为(Haugen,Senbet,1981;Smith,Stulz,1985)。但从文献来看,无论是从理论上还是实证上,这一结论都不清晰。

(1)正向结果:权益薪酬会鼓励高管采取风险行为。Amihud,Lev(1981),Smith,Stulz(1985)认为,由于高管个人的人力资本与公司联系在一起且相对于外界投资者来说其风险难以分散,高管会放弃一些会令股东获益的正净现值项目;但股东可以通过设计与企业业绩成凸函数的薪酬计划来降低风险代理问题,如通过股票期权的使用。在探讨高管激励是否有可观测到的运营(operational)及政策(policy)上的意义时,学者们通常争论应该给高管一个凸性回报,从而减少高管风险厌恶的影响,激励其采取高风险项目(Guay,1999;Core,Guay,1999)。Guay(1999)认为,凸性回报结构(convexity of the payoff structure)(如股票期权)可以抵消甚至超过风险厌恶高管的凹性效用函数(concavity of the utility function),因此 Guay(1999)发现高管薪酬契约的这一凸性关系与企业风险需求的变量正相关,如成长机会、研发的支出;Coles,Daniel,Naveen(2006)试图建立凸性关系与公司投资、融资政策之间的因果关系,他们发现高管薪酬契约的这种凸性关系与公司研发支出、公司债务杠杆成正向关系,与企业资本支出成负向关系;Chava,Purnanandam(2010)也发现凸性关系与债务杠杆正相关且与企业的现金结余成负向关系;Armstrong,Vashishtha(2012)研究发现由于高管可以分散非系统性风险,因此高管股权激励收益对回报波动性的敏感性(或者 vega)只能鼓励高管提高公司的系统性风险(systematic risk)而非非系统性风险(idiosyncratic risk),因此,当有系统性风险项目可以选择时,股权激励并不一定能够鼓励高管追求具有非系统性风险的项目。

(2)负向结果:权益薪酬未必会鼓励高管采取风险行为。实证中对于持股或者期权的使用与公司财务决策(如资产负债率)的研究结果并不一致(Coles et al.,2006)。事实上,由于高管可以卖出期权,或者分散期权上的风险,所以高管未必以市值对所拥有的期权定价,相反是以自己的主观风险态度对自己拥有的期权定价,因此以股票期权激励风险厌恶的高管未必能改变其风险态度(Armstrong,Vashishtha,2012)。Lambert,Larcker,Verrecchia(1991),Carpenter(2000),Hall,Murphy(2002),Ross(2004)研究表明当高管风险厌恶时,增加高管薪酬契约的凸性并不确定能增加高管风险行为动机;Ju et al.(2002)研究了期权在高管薪酬中的角色,认为取决于高管风险厌恶程度及潜在的企业投资技术,认购期权可以导致极低的或极高的企业风险行为;Lewellen(2003)表明期权,尤其是价内期权(option issued in the money),会阻止风险行为;①Ross(2004)证明了不可能存在一个激励计划能够使得追求期望效用最大化者风险厌恶程度降低;Lewellen(2006)表明期权会阻止高管的风险行为,尤其是价内期权,同时也会对公司债务杠杆的选择产生影响,与 Coles,Daniel,Naveen(2006)相反,他发现股票期权会减少高管债务融资偏好;Hayes,Lemmon,Qiu(2012)研究发现在FAS123R②实施之后,上市公司大幅减少使用股票期权,且这种股票期权的减少与会计成本的代理变量有很大的关系,从而结论并不支持"内生于期权薪酬中的凸性被用来减轻高管与股东之间与风险相关的代理问题"这个论断。这些文献结果表明"凸性薪酬可以激励高管采取风险行为"的理论虽然很直观,但并不明确。正如Coles et al.(2006)认为的"凸性薪酬鼓励高管采取风险行为"这个争论点很直观,但是它有效与否还取决于高管效用函数。

(3) delta、vega 的不同影响及内生性问题。由于基于权益的薪酬会同时增加高管财富与公司股价之间的敏感性,因此基于权益的薪酬未必能够鼓励高管的风险行为(Carpenter,2000;Ross,2004)。正如 Guay(1999)所强调的,需要区分高管财富与股价之间的关系(即 delta)以及这种关系的凸性(convexity),即高管财富对股票回报波动性的敏感性(即 vega)。高管薪酬对股价的敏感性越高,即 delta 越大,高管面临的风险越大,但高管薪酬对股票回报波动性的敏感性越大,即 vega 越大时,会帮助抵消高 delta 导致的对风险项目的厌恶。Armstrong,Vashishtha(2012)认为股票期权不仅能够增加高管财富对股票回报波动性的敏感性 vega,同时也可以增加其财富对股价的敏感性 delta,前者虽然可以引诱高管采取风

---

① Parrino et al.(2005)发现相对于限制性股票(restricted stock),期权可以更好地引诱风险行为;相对于平价期权(option issued at the money)及价外期权(option issued out of the money),价内期权(option issued in the money)令管理者更加风险厌恶。
② FAS123R 取消了以期权内在价值费用化期权成本的做法,而是要求公司以公允价值费用化基于股票的薪酬部分的成本,从而消除了与期权相关的有利的会计处理上的收益。

险行为,但后者却加强了高管的风险厌恶态度,所以股权激励对高管风险态度的净效果并不清晰。此外,内生性问题使得解释相关回归结果变得更加困难(Coles, Lemmon, Meschke, 2005)。Coles et al. (2006)发现两个方向的因果关系:风险越大的公司越倾向于增加 CEO 薪酬的 delta 与 vega,同时高 delta 与 vega 会导致公司选择风险更大的政策,增加公司风险。为了避免内生性问题,Low (2009)利用特拉华州收购保护变化这一外生事件进行研究,结果表明高管风险厌恶会导致严重的代理问题,相对于 delta,vega 是减轻高管风险厌恶问题的更有效的机制。

由以上文献结果可以得出以下结论:

首先,对于权益薪酬特别是股票期权的存在能否影响高管风险的态度,学者们的研究结果并不一致。

其次,高管持股、股权激励等基于权益的薪酬方式的存在与本研究的"风险厌恶假设"并不矛盾。这些基于权益的薪酬激励方式的提出正是为了解决高管风险厌恶所导致的代理问题。高管风险厌恶,其个人财富与企业价值联系在一起,相对于外部股东,高管面临的风险难以分散,因此高管有动机放弃正净现值但高风险的项目,对股东造成了损失,即通常所说的高管与股东之间与风险有关的代理问题(Amihud, Lev, 1981; Smith, Stulz, 1985; Armstrong, Vashishtha, 2012)。基于权益的薪酬计划就是解决该问题的手段之一,因此,高管持股、股票期权等薪酬方式的存在并不等于高管不厌恶风险,相反,这些薪酬方式存在的前提正是高管的风险厌恶态度。正如 Jensen, Meckling(1976)所提到的,高管风险厌恶会使得高管放弃高风险但有着正净现值的项目,使用基于权益的薪酬契约是解决这一问题的一个手段。因此这与本研究高管风险厌恶的假设并不矛盾,相反是从侧面佐证了本研究风险厌恶前提的合理性。然而为了结果的稳健,本节对样本涉及高管持股、股票期权作单独处理,具体见以下实证检验部分。

4.3.2 实证检验

(1) 样本处理

根据同花顺数据库,截止到2012年底,中国资本市场推出过股权激励的公司共有199家,部分公司不止一次推出股权激励方案,本研究对此不作区分。其中,激励标的物有股票期权、股票及股票增值权,这里将激励标的物为股票增值权及股票的样本也包括在股权激励样本内,且在处理上不加以区分。以公司预案公告日年度为基础,删除该公司该年度及其以后年度的样本,对于多次推出预案的公司,以首次推出预案的年度为基础。在这样的处理之下,因股权激励方案的原因在原有10699个样本基础上需要删除391个样本。删除样本的行业及年度分布见表5-8。由表5-8可知,因股权激励删除样本较多的行业为计算机应用服务业(46)、房地产开发与经营业(44个)、化学原料及化学制品制造业(42个);因股权激励删除样本较多的年份为2011、2012年,分别删除103、157个样本。

表 5-8　股权激励删除样本

行业代码	行业名称	2006	2007	2008	2009	2010	2011	2012	Total
B01	煤炭采选业	0	0	0	0	0	0	1	1
C01	食品加工业	0	0	0	0	1	4	5	10
C03	食品制造业	0	0	0	0	0	0	1	1
C05	饮料制造业	0	0	0	0	1	1	1	3
C11	纺织业	0	0	0	0	0	3	2	5
C13	服装及其他纤维制品制造业	0	0	0	0	0	0	3	3
C31	造纸及纸制品业	0	0	1	1	2	2	2	8
C43	化学原料及化学制品制造业	0	1	3	5	6	10	17	42
C49	塑料制造业	0	0	0	0	5	5	10	
C51	电子元器件制造业	1	2	3	3	4	6	7	26

（续表）

行业代码	行业名称	2006	2007	2008	2009	2010	2011	2012	Total
C61	非金属矿物制品业	0	0	1	1	2	2	2	8
C65	黑色金属冶炼及压延加工业	0	0	1	1	1	1	1	5
C67	有色金属冶炼及压延加工业	0	0	0	0	0	1	2	3
C69	金属制品业	0	0	0	0	1	2	4	7
C71	普通机械制造业	0	0	0	0	1	3	4	8
C73	专用设备制造业	0	1	0	1	1	6	10	19
C75	交通运输设备制造业	0	0	0	0	0	1	7	8
C76	电器机械及器材制造业	1	1	2	3	4	8	12	31
C81	医药制造业	0	0	2	2	6	9	10	29
C99	其他制造业	0	0	0	0	0	0	6	6
D01	电力、蒸汽、热水的生产和供应业	1	1	2	2	2	2	3	13
E01	土木工程建筑业	0	0	1	1	2	3	4	11
G81	通信及相关设备制造业	0	0	1	4	5	6	11	27
G87	计算机应用服务业	2	3	5	5	7	10	14	46
H11	零售业	0	0	0	0	2	4	5	11
H21	商业经纪与代理业	0	0	0	0	0	1	1	2
J01	房地产开发与经营业	1	1	2	4	8	12	16	44
M	综合类	0	0	0	0	1	1	1	4
Total		6	10	24	34	57	103	157	391

相对于股权激励，高管持股是比较普遍的现象，这里的高管指的是"年报中披露的高级管理人员的总人数，高级管理人员含总经理，总裁，CEO，副总经理，副总裁，董秘和年报上公布的其他管理人员（包括董事中兼任的高管人员）（根据 CSMAR 提供的字段说明）"，因此高管持股数据并不是对应的现金薪酬前三名高管的持股数量，所以下文检验的数据较之前三名高管的持股数据是放大

后的结果,根据下文对高管持股样本的处理方法,这会带来更稳健的结果。

本研究采用两种方法解决高管持股的影响:

(1)从持股量的角度。以5%为界限,删除高管持股比例大于5%的公司年度样本。5%为上市公司衡量一个股东是否为大股东(blockholder)的标准,本研究借此标准来衡量高管持股对其决策的影响。由CSMAR数据库可知,原有的10699个样本中有691个属于高管持股大于5%的样本,具体分布见表5-9。可以看到,在高管持股比例5%界限下,删除样本较多的行业为化学原料及化学制品制造业(88个)、专用设备制造业(82个)、计算机应用服务业(66个)、电器机械及器材制造业(64个),删除样本较多的年度为2011、2012年,分别为147、248个,同时可以看到,随着年度的推移,删除的样本逐渐增加,这说明了高管权益性激励的使用越来越多。

在删除股权激励、高管持股大于5%的样本之后,最终盈余估值作用与激励作用相互关系研究样本为9693(10699-391-615)(股权激励与高管持股大于5%有重叠部分即691-615=76)个。由于删除部分样本,部分年度行业的样本量可能会小于20个,因此我们再删除年度行业样本量不足20的样本,最终年度样本量为9398(9693-295)个,在此基础上,根据模型(1)(2)(3)进行检验。

(2)从持股市值的角度。以年报公布的高管持股数乘以年底公司股价算出持股市价,比较高管持股市值与现金薪酬的大小,若市值大于现金薪酬则删除该样本,作如上处理的理由是留下现金薪酬对高管决策有更大影响力的公司样本。由CSMAR数据库可知,原有的10699个样本中有2268个样本需要删除,其行业及年度分布见表5-10。由表5-10可知,删除样本较多的行业为化学原料及化学制品制造业(229个)、电器机械及器材制造业(195个)、医药制造业(175个)、计算机应用服务业(171个)、专用设备制造业

(152个);删除样本较多的年度为2012年,删除了530个,其次是2011、2010及2009年,删除样本数依次为350、242、238个。在删除股权激励公司及高管持股公司样本后,最终检验盈余估值作用、激励作用相互关系的样本为8118(10699 - 391 - 2190)(股权激励及高管持股有重叠样本即2268 - 2190)个。同样,由于删除部分样本,部分年度行业的样本量可能会小于20个,因此我们再删除年度行业样本量不足20的样本,在此基础上,根据模型(1)(2)(3)进行检验。

表 5-9 5%持股标准下删除样本

行业代码	行业名称	02	03	04	05	06	07	08	09	10	11	12	Total
C01	食品加工业	0	0	1	1	0	0	4	3	5	4	6	24
C03	食品制造业	0	0	0	0	0	0	0	0	0	0	5	5
C11	纺织业	0	0	0	1	1	2	4	3	3	3	8	25
C13	服装及其他纤维制品制造业	0	0	0	0	0	0	0	0	0	0	1	1
C31	造纸及纸制品业	0	0	0	0	0	0	0	1	2	2	3	8
C43	化学原料及化学制品制造业	0	0	1	3	3	4	7	10	9	21	30	88
C47	化学纤维制造业	0	0	0	0	0	0	0	0	0	3	4	7
C49	塑料制造业	0	0	0	0	0	0	0	0	0	4	5	9
C51	电子元器件制造业	1	1	1	1	1	1	4	4	5	15	17	51
C61	非金属矿物制品业	0	0	0	0	0	2	3	3	2	3	9	22
C65	黑色金属冶炼及压延加工业	0	0	0	0	0	0	0	0	0	1	2	3
C67	有色金属冶炼及压延加工业	0	0	0	0	0	2	3	4	4	6	7	26
C69	金属制品业	0	0	0	0	0	0	0	0	1	4	9	14
C71	普通机械制造业	0	0	0	0	0	0	0	3	4	5	9	12	33
C73	专用设备制造业	0	0	1	2	2	2	6	9	11	23	26	82

(续表)

行业代码	行业名称	02	03	04	05	06	07	08	09	10	11	12	Total
C75	交通运输设备制造业	0	0	0	0	0	0	0	1	0	6	15	22
C76	电器机械及器材制造业	0	0	0	1	1	1	8	8	7	12	26	64
C81	医药制造业	0	0	1	3	4	5	6	3	4	9	13	48
C99	其他制造业	0	0	0	0	0	0	0	0	0	0	5	5
E01	土木工程建筑业	0	0	2	2	1	2	3	3	3	5	7	28
F11	交通运输辅助业	0	0	1	0	0	0	0	0	0	0	0	1
G81	通信及相关设备制造业	0	0	0	0	0	3	7	8	6	7	11	42
G87	计算机应用服务业	0	2	4	4	4	5	8	6	8	8	17	66
H11	零售业	0	0	0	0	0	0	0	0	1	6	7	
J01	房地产开发与经营业	0	0	0	0	0	1	3	1	1	3	9	
M	综合类	0	0	0	0	0	0	0	0	0	1	1	
Total		1	3	12	18	17	29	67	73	76	147	248	691

表 5-10 持股市值标准下删除样本

行业代码	行业名称	02	03	04	05	06	07	08	09	10	11	12	Total
B01	煤炭采选业	0	0	0	0	0	0	1	0	0	0	1	
C01	食品加工业	0	4	5	3	0	0	6	5	6	11	14	54
C03	食品制造业	0	0	0	0	0	0	0	0	0	0	10	10
C05	饮料制造业	6	5	5	5	0	5	4	8	6	5	7	56
C11	纺织业	8	5	5	6	5	9	8	10	10	8	14	88
C13	服装及其他纤维制品制造业	0	0	0	0	0	0	0	0	0	0	7	7
C31	造纸及纸制品业	0	0	0	0	3	2	3	5	7	6	26	
C43	化学原料及化学制品制造业	15	9	7	8	13	18	19	26	28	38	48	229
C47	化学纤维制造业	0	0	0	0	0	0	0	0	4	5	9	

(续表)

行业代码	行业名称	02	03	04	05	06	07	08	09	10	11	12	Total
C49	塑料制造业	0	0	0	0	0	0	0	0	0	5	8	13
C51	电子元器件制造业	4	3	4	3	3	6	14	14	18	30	35	134
C61	非金属矿物制品业	10	5	2	1	2	9	8	14	11	9	16	87
C65	黑色金属冶炼及压延加工业	3	2	2	1	1	3	3	1	3	3	3	26
C67	有色金属冶炼及压延加工业	0	3	3	1	3	6	7	7	7	11	16	64
C69	金属制品业	0	0	0	0	0	0	0	0	5	9	19	33
C71	普通机械制造业	5	2	0	1	1	2	4	7	8	16	25	71
C73	专用设备制造业	7	4	3	4	5	9	12	18	17	30	43	152
C75	交通运输设备制造业	11	9	4	4	7	8	6	6	7	14	26	102
C76	电器机械及器材制造业	7	7	7	6	11	13	17	19	24	35	49	195
C81	医药制造业	8	5	6	9	9	15	16	16	20	32	39	175
C99	其他制造业	0	0	0	0	0	0	0	0	0	0	10	10
D01	电力、蒸汽、热水的生产和供应业	6	7	3	4	5	10	6	5	4	5		60
E01	土木工程建筑业	0	0	3	3	3	7	5	6	5	8	16	56
F11	交通运输辅助业	9	5	6	4	4	6	2	3	2	2	4	47
G81	通信及相关设备制造业	3	4	2	2	1	4	8	9	8	15	17	73
G87	计算机应用服务业	5	5	8	9	9	13	17	17	20	30	38	171
H11	零售业	18	7	5	4	10	13	7	14	12	8	17	115
H21	商业经纪与代理业	0	0	0	0	0	0	0	0	0	2	2	4
J01	房地产开发与经营业	6	5	1	2	4	10	8	20	11	11	24	102
M	综合类	22	12	11	6	10	9	6	8	4	3	7	98
Total		153	109	92	86	106	178	184	238	242	350	530	2268

（2）检验结果

首先是第一种处理下的结果，即删除股权激励公司样本及高管持股比例大于5%的公司样本。相应散点图及回归结果见图5-9、5-10、5-11及表5-11。图5-9为包括负值的散点图及回归线，图5-10为删除负值后的散点图及回归线，两图结果都表明盈余估值作用与激励作用之间正向关系的存在。表5-11的回归结果也证明了这一点，可以看到，在删除负值CEC、VEC的检验中，VEC的系数为正的0.235，且在10%水平下显著，说明了盈余信息的市场估值作用与薪酬激励作用之间成正向关系，同时也表明了权益性薪酬的存在并没有影响上文一系列的实证检验。包括负值CEC、VEC的回归结果中，VEC系数为正的0.205，且在5%水平下显著，与删除负值后的检验结果一致，表明在控制了权益性薪酬的影响之后，盈余信息的市场估值作用与薪酬激励作用之间成正向关系。图5-11给出了删除负值后的分年度散点图及回归线，可以看出，与上文各组检验结果相似，分年度散点图及回归线仍然显示最近几年

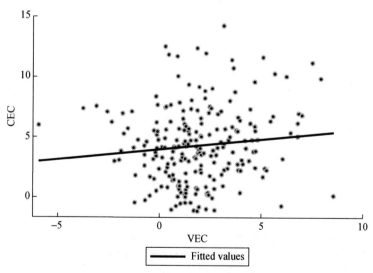

图5-9 包括负值CEC、VEC的散点图及回归线——权益性薪酬处理1

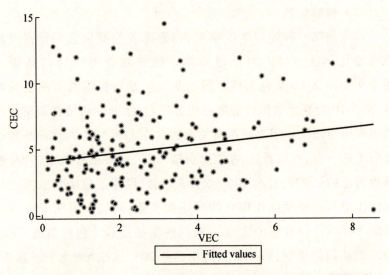

图 5-10　删除负值 CEC、VEC 后的散点图及回归线——权益性薪酬处理 1

正向关系消失甚至转为负向关系,如 2010、2011 年。

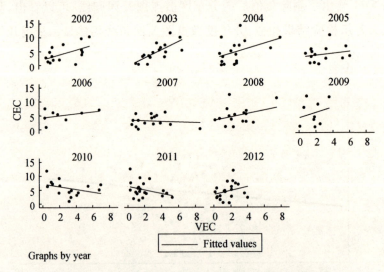

图 5-11　删除负值 CEC、VEC 后的分年度散点图及回归线——权益性薪酬处理 1

表 5-11　CEC、VEC 相互关系回归结果——权益性薪酬处理 2

	删除负值 CEC、VEC 后 CEC	全样本 CEC
VEC	0.235*	0.205**
	(1.72)	(2.01)
SIZE	0.348	0.048
	(0.74)	(0.12)
LEV	0.146	1.754
	(0.05)	(0.67)
MB	−0.040	−0.016
	(−0.11)	(−0.05)
Var(ROA)	−273.396***	−115.568***
	(−5.19)	(−3.85)
Var(R)	0.346	−1.003
	(0.38)	(−1.27)
PERS	1.447**	0.390
	(2.03)	(0.63)
常数项	−3.187	1.853
	(−0.32)	(0.22)
YearDummy	YES	YES
N	172	221
adj. R^2	0.189	0.075

注：省略了年度虚拟变量的回归结果；***、**、* 分别表示 1%、5%、10% 水平下显著。

第二种处理下,即删除股权激励及高管持股市值大于现金薪酬的公司样本,相应结果见图 5-12、5-13、5-14 及表 5-12。各组检验结果与第一种处理下保持一致,都表明了会计盈余市场估值作用与薪酬激励作用之间成正向关系,图 5-12、5-13 分别给出了删除负值 CEC、VEC 后的散点图及回归线,以及包括负值 CEC、VEC 的散点图及回归线,两图都表明了盈余两大作用之间正向关系的存在。表 5-12 给出了对应的回归检验结果,可以看到,无论是删除负值 CEC、VEC 还是包括负值在内的检验,VEC 的系数都显著为正,分别为 0.643、0.426,且都在 1% 水平下显著,支持了散点图及回归线的结果,表明了盈余市场估值作用及薪酬激励作用之间的正向关系。表 5-12 给出的分年度散点图及回归线的结果与上文检验一致,也显示出大部分年度都是成正向关系,但近几年这种正向关系消失甚至转向负向,其中的原因有待研究。

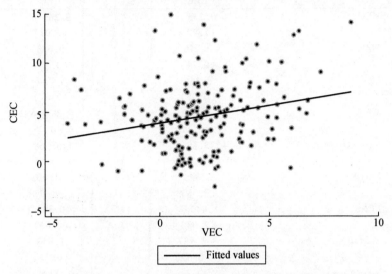

图 5-12　包括负值 CEC、VEC 的散点图及回归线——权益性薪酬处理 2

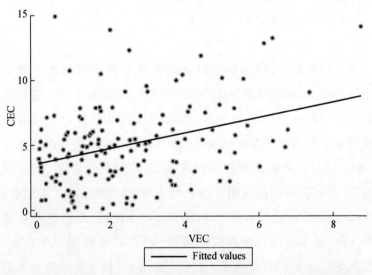

图 5-13　删除负值 CEC、VEC 后的散点图及回归线——权益性薪酬处理 2

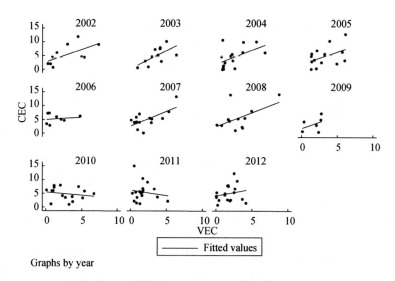

图 5-14　删除负值 CEC、VEC 后的分年度散点图
及回归线——权益性薪酬处理 2

表 5-12　CEC、VEC 相互关系回归结果——权益性薪酬处理 2

	删除负值 CEC、VEC 后 CEC	全样本 CEC
VEC	0.643***	0.426***
	(4.29)	(3.52)
SIZE	0.207	−0.233
	(0.35)	(−0.45)
LEV	6.462*	6.181**
	(1.96)	(2.01)
MB	0.423	−0.027
	(0.85)	(−0.06)
Var(ROA)	−139.131***	−87.191***
	(−2.76)	(−3.30)
Var(R)	−0.591	−1.523
	(−0.34)	(−1.03)
PERS	−0.031	0.563
	(−0.04)	(0.83)

（续表）

	删除负值 CEC、VEC 后 CEC	全样本 CEC
常数项	-4.233	5.032
	(-0.34)	(0.45)
YearDummy	YES	YES
N	144	184
adj. R^2	0.168	0.114

注：省略了年度虚拟变量的回归结果；***、**、* 分别表示1%、5%、10%水平下显著。

（3）小结

本节分析了权益性薪酬对所研究问题的影响，首先是从相关理论上确定了权益性薪酬的存在不能否定本研究的"高管风险厌恶"假设；其次是从实证上控制高管持股、股权激励样本对本研究结论的影响。结果发现，在以一定标准删除高管持股及股权激励样本之后，本研究的结论依然成立。

5 本章小结

本章利用中国 A 股上市公司数据实证检验解析模型提出的假设。实证检验结果表明，会计盈余估值作用与激励作用之间存在显著的正向关系，支持了解析模型的结果。在敏感性测试中，作者改用变化值模型、用模型解释力计量估值系数的检验结果都与实证部分保持一致，表明盈余估值作用与激励作用之间存在正向关系。之后本研究考虑权益性薪酬对研究结果的影响，首先从理论上讨论权益性薪酬的存在与本研究"高管风险厌恶"假设并不矛盾；其次从实证设计上提供两个方法控制权益性薪酬对研究结果的影响，检验结果表明在考虑权益性薪酬之后，结论与实证部分保持一致，盈余估值作用与激励作用之间成正向关系，支持解析模型提出的假设。

参考文献

1. Y. Amihud, B. Lev, Risk Reduction as a Managerial Motive for Conglomerate Mergers[J], Bell Journal of Economics, 1981, 12:605—617.
2. C. S. Armstrong, R. Vashishtha, Executive Stock Options, Differential Risk-taking Incentives, and Firm Value[J], Journal of Financial Economics, 2012, 104:70—88.
3. W. R. Baber, S. H. Kang, K. R. Kumar, Accounting Earnings and Executive Compensation: The Role of Earnings Persistence[J], Journal of Accounting and Economics, 1998, 25:169—193.
4. R. D. Banker, L. Chen, E. Y. Whang, Dupont Analysis, Persistence and the Weight on ROA in Valuation and CEO Compensation[J], Working Paper, 2010.
5. R. D. Banker, R. Huang, R. Natarajan, Incentive Contracting and Value Relevance of Earnings and Cash Flows[J], Journal of Accounting Research, 2009, 47:647—678.
6. R. M. Bushman, E. Engel, A. Smith, An Analysis of the Relation between the Stewardship and Valuation Roles of Earnings[J], Journal of Accounting Research, 2006, 44:53—83.
7. J. Carpenter, Does Option Compensation Increase Managerial Risk Appetite?[J], Journal of Finance, 2000, 55:2311—2331.
8. S. Chava, A. Purnanandam, CEOs vs. CFOs: Incentives and Corporate Policies[J], Journal of Financial Economics, 2010, 97:263—278.
9. J. Coles, N. Daniel, L. Naveen, Managerial Incentives and Risk Taking[J], Journal of Financial Economics, 2006, 79:431—468.
10. J. L. Coles, M. L. Lemmon, F. Meschke, Structural Models and Endogeneity in Corporate Finance: The Link between Managerial Ownership and Corporate Performance[J], Unpublished Working Paper, Arizona State University, 2005.
11. J. E. Core, W. R. Guay, R. E. Verrecchia, Price Versus Non-Price Performance Measures in Optimal CEO Compensation Contracts[J], The Accounting Re-

view, 2003, 78:957—981.
12. J. E. Core, W. R. Guay, The Use of Equity Grants to Manage Optimal Equity Incentive Levels[J], Journal of Accounting and Economics, 1999, 28:151—184.
13. J. Gaver, K. Gaver, Additional Evidence on the Association between the Investment Opportunity Set and Corporate Financing, Dividend, and Compensation Policies[J], Journal of Accounting and Economics, 1993, 16:125—160.
14. W. R. Guay, The Sensitivity of CEO Wealth to Equity Risk: An Analysis of the Magnitude and Determinants[J], Journal of Financial Economics, 1999, 53:43—71.
15. B. Hall, K. Murphy, Stock Options for Undiversified Executives[J], Journal of Accounting and Economics, 2002, 33:3—42.
16. R. A. Haugen, L. W. Senbet, Resolving the Agency Problems of External Capital through Options[J], Journal of Finance, 1981, 36:629—647.
17. R. M. Hayes, M. Lemmon, M. Qiu, Stock Options and Managerial Incentives for Risk Taking: Evidence from FAS 123R, Journal of Financial Economics, 2012, 105:174—190.
18. D. Hirshleifer, Y. Suh, Risk, Managerial Effort, and Project Choice[J], Journal of Financial Intermediation, 1992, 2:308—345.
19. M. C. Jensen, W. H. Meckling, Theory of the Firm: Managerial Behavior, Agency Costs and Ownership Structure[J], Journal of Financial Economics, 1976, 3:305—360.
20. N. Ju, H. Leland, L. Senbet, Options, Option Repricing and Severance Packages in Managerial Compensation: Their Effects on Corporate Risk[J], Working paper, University of Maryland, 2002.
21. R. Lambert, Contracting Theory and Accounting[J], Journal of Accounting and Economics, 2001, 32:3—87.
22. R. Lambert, D. Larcker, Verrecchia R., Portfolio Considerations in Valuing Executive Compensation[J], Journal of Accounting Research, 1991, 29:129—149.
23. K. Lewellen, Financing Decisions When Managers are Risk Averse[J], Working paper, MIT, 2003.
24. K. Lewellen, Financing Decisions When Managers are Risk-averse[J], Journal of

Financial Economics, 2006, 82:551—590.
25. S. A. Ross, Compensation, Incentives, and the Duality of Risk Aversion and Riskiness[J], Journal of Finance, 2004, 59:207—225.
26. C. Smith, R. Stulz, The Determinants of Firms' Hedging Policies[J], Journal of Financial and Quantitative Analysis, 1985, 20:391—405.
27. C. Smith, R. Watts, The Investment Opportunity Set and Corporate Financing, Dividend, and Compensation Policies[J], Journal of Financial Economics, 1992, 32:263—292.

第6章　会计信息市场估值与高管激励作用相互关系的实证研究
——基于A股现金流信息的检验

本章进一步将会计信息具体化为现金流,讨论中国资本市场下现金流估值作用与激励作用之间的相互关系。具体来说,本章基于中国资本市场2002—2012年度数据,探讨了"现金流"这一会计信息两大作用之间是否具有相互关系,以及较之"盈余"信息,现金流两大作用之间的相互关系有何不同。

1　引言

会计信息在资本市场中主要有两大作用:估值作用、契约作用。估值作用即投资者可以利用会计信息对企业价值进行评估,辅助其决策;契约作用即会计信息被使用在企业各类契约中,从而降低企业契约成本、提高企业价值,其中会计信息在高管薪酬契约中的使用是一个重要分支,即会计信息激励作用。无论是会计信息估值作用还是激励作用都得到了学者们的广泛关注(Ohlson et al.,2005;Cadman et al.,2010;Nezlobin,2012;陆正飞等,2009;方军雄,2009;刘永泽等,2011),相比较之下,关于会计信息两大作用之间是否存在某种关系的研究却并不多见,且现有的相关实证研究大多也只是针对盈余信息的检验。基于此,本研究试图在现有研究基础上,关注"现金流"这一会计信息的估值作用与激励作用之间的相互关系,具体来说,本研究将探讨现金流的估值作用与激励作用之间是否具有某种相互关系；如果有，现金流两大作用之间的相互关系与盈余信息两大作用之间的相互关系是否有区别。

Ball、Brown（1968），Beaver（1968）的研究发现奠定了会计信息的估值作用，Watts、Zimmerman 的一系列文章奠定了会计信息的契约作用（Watts，Zimmerman，1978、1979、1983、1986），其中一个重要分支是会计信息在高管薪酬契约中的激励作用，学术界关于会计信息估值作用、激励作用各自都有着丰富的研究，但对于会计信息两大作用之间相互关系的研究却显得不足。现有相关文献中，有部分认为两者之间相互独立，如 Lambert（1993）认为对一个企业进行估值并不等同于评价一个管理者对企业的贡献；Paul（1992）、Lambert（2001）的解析研究都发现在基于一定假设前提的模型设定下，会计信息两大作用之间相互独立。也有研究发现两者之间成正向关系，如 Bushman et al.（2006）、Banker et al.（2009）基于美国资本市场的实证研究发现会计信息两大作用之间成正向关系。国内研究方面，许静静、吕长江（2013）在引入高管拥有私人信息及风险厌恶两大假设后，解析模型结果表明会计信息两大作用之间成正向关系；许静静（2013）利用中国资本市场数据的实证研究发现会计盈余的估值作用与激励作用之间成正向关系。总的来说，现有关于会计信息两大作用之间相互关系的研究并不丰富，尤其是针对中国资本市场下的相关研究更是缺乏。

现有文献对盈余估值作用与激励作用之间相互关系的实证研究都发现正向关系的存在，但很少有研究关注其他会计信息下的结果，如现金流。Banker et al.（2009）基于美国资本市场数据，对盈余及现金流两大作用之间相互关系的研究发现，盈余及现金流的估值作用、激励作用之间都存在正向关系，盈余的估值作用与激励作用随着时间推移都在减弱，而现金流的估值作用与激励作用随着时间推移都在加强。

首先,本章将以中国 A 股资本市场数据为基础,检验现金流的两大作用之间是否存在某种关系;其次,本章将讨论现金流两大作用之间的相互关系较之盈余有何区别。

2 理论分析与假设提出

学术界对会计信息估值作用与激励作用之间是否存在某种关系的研究主要分为解析式研究与实证研究。解析式研究根据研究问题设立经济模型,利用数学求解得出问题的答案,如 Paul(1992)、Lambert(2001)两篇文章利用解析式推导得出会计信息估值作用与激励作用之间相互独立的结论。Paul(1992)认为薪酬激励关注指标对管理者无法直接观测到的努力程度的反映,而股价关注指标对未来收益的不确定性程度的降低,两者相互独立;Lambert(2001)认为会计信息是帮助市场修正对于扰动产出项的预期,因此会计指标在估值作用中最重要的是"相关性",而在激励契约中最重要的是达到"一致性",即通过设计激励契约中会计指标的权重使得企业真实产出与业绩衡量指标之间达到一致,因此估值作用与激励作用相互独立。然而,这两篇文章的模型设立都基于市场能够准确预期高管行为的内涵假设,若在一个更一般的模型中,市场对于高管采取何种行为存在不确定性,此时会计信息不仅可以帮助市场修正对随机产出项的预期,也可以帮助市场修正对与高管行为相关产出的预期,从而使得会计信息在估值作用中的权重与其在激励契约中的权重更加接近(Lambert,2001)。许静静、吕长江(2013)基于高管拥有私有信息及风险厌恶假设的模型结果表明会计信息估值作用与激励作用之间成正向关系,文章发现会计信息估值作用与激励作用都依赖边际真实产出与会计信息所代表的边际业绩衡量指标之间的协方差,意味着会计信息与真实企业价值之间同步变化,建立起了会计信息两大作用之间的正向关系。在实证研究方面,Bushman et al. (2006)、Banker et al. (2009)两篇文章利用美国资本市场数据进行验证,结果表明会计信息估值作用与激励作用之间成正向关系,两篇文章都没有从理论上对这一结果进行解释,而是给出了能够得到正向关系的特殊解析模型。还有一些学者在自己的研究中表达过对该问题的看法及预期:Bushman,Smith(2001)预期会计信息的估值作用与激励作用之间存在正相关的关系;Kothari (2001)预期估值作用下的业绩衡量指标与激励作用下的业绩衡量指标具有正向关系;Banker et al.(2010)研究边际收益率与资产周转率对 ROA 的估值作用与激励作用的影响,间接研究了 ROA 的估值作用与激励作用之间的关系。文章发现边际收益率比重越大,ROA 的激励作用与估值作用都越大,从而得出 ROA 估值作用与激励作用之间存在正向关系。

因此,会计信息估值作用与激励作用之间成正向关系得到了解析及实证等诸多研究的支持,现有的实证研究通常将会计信息具体化为会计盈余,而少有实证研究对其他会计信息进行过验证。"现金流"是盈余之外的另一重要会计信息,与盈余相比,现金流具有更高的刚性,被运用于投资者估值及高管激励中。会计信息估值作用与激励作用相互关系的解析模型设立条件同样适用于现金流,因此本章提出假设 1:

假设 1 现金流的估值作用与激励作用之间成正向关系

由解析模型来看,会计信息的估值作用与激励作用之间呈现正向关系,实证检验也得出盈余的两大作用与现金流的两大作用之间都呈正向关系。无论是估值还是对高管进行激励,盈余与现金流都是辅助决策的信息。然而,在高管激励契约中,使用最多的是基于盈余的指标,如 ROA、ROE、EPS(潘飞、石美娟、童卫华,

2006;杜兴强、王丽华,2007),在估值中,相对于现金流信息,投资者更加锁定盈余这一指标(陆静、孟卫东、廖刚,2002;刘晶,2005;曾庆梅,2008)。因此,相对来说,盈余信息的估值作用与激励作用受到投资者与董事会更多关注,从而使得相对于现金流来说,盈余信息与真实产出的"一致性"更重要,因此,本章提出以下假设:

假设 2 较之盈余,现金流的估值作用与激励作用之间的正向关系更弱

3 实证检验

3.1 模型

在参考现有相关文献的基础上(Bushman et al.,2006;Banker et al.,2009、2010),本研究分别采用以下模型进行检验:

首先,利用模型1分别产生盈余与现金流的激励系数:

$$\ln\text{COMP}_{i,t} = \alpha_0 + \alpha_1 \text{EPS}_{i,t} + \alpha_2 \text{CPS}_{i,t} + \alpha_3 R_{i,t} + \mu_{i,t} \quad (1)$$

其中,α_1 为盈余激励系数 CEC_eps,α_2 为现金流激励系数 CEC_cps。

利用模型(2)(3)(4)产生盈余与现金流的估值系数:

$$P_{i,t} = \beta_0 + \beta_1 \text{BPS}_{i,t} + \mu_{i,t} \quad (2)$$

$$P_{i,t} = \beta_0 + \beta_1 \text{BPS}_{i,t} + \beta_2 \text{EPS}_{i,t} + \varepsilon_{i,t} \quad (3)$$

$$P_{i,t} = \beta_0 + \beta_1 \text{BPS}_{i,t} + \beta_2 \text{EPS}_{i,t} + \beta_3 \text{CPS}_{i,t} + \varepsilon_{i,t} \quad (4)$$

模型(2)(3)(4)的模型解释度分别为 R^2_{bps}、R^2_{bpseps}、R^2_{all},盈余与现金流的估值系数分别为:

$$R^2\_eps = (R^2_{\text{bpseps}} - R^2_{\text{bps}})/(1 - R^2_{\text{bps}})$$

$$R^2\_cps = (R^2_{\text{all}} - R^2_{\text{bpseps}})/(1 - R^2_{\text{bpseps}})$$

最后,利用模型(5)检验盈余或现金流的估值系数与激励系

数之间的相互关系：

$$\text{CEC}_{YI} = \gamma_0 + \gamma_1 R_{YI}^2 + \gamma \text{Control} + e_{YI} \quad (5)$$

利用模型（6）对盈余、现金流进行对比检验：

$$\text{CEC}_{YI} = \gamma_0 + \gamma_1 R_{YI}^2 + \gamma_2 \text{dum\_}R^2 + \gamma \text{Control} + e_{YI} \quad (6)$$

LnCOMP 为上市公司前三名高管薪酬总额的自然对数；EPS 为每股净利润；CPS 为每股经营性现金流；R 为上市公司当年5月至次年4月的股票年回报率，R 在此是为了控制所有其他影响高管薪酬的因素；P 为上市公司4月最后一个交易日的收盘价；BPS 为每股净资产；Control 为需要控制的变量，包括规模 SIZE、资产负债率 LEV、公司成长能力 MB、eps 的波动性 Var(eps)、cps 的波动性 Var(cps)、R 的波动性 Var(R)、盈余的持续性 Pers_earn、现金流的持续性 Pers_cfo 等。表6-1 给出了相关变量的定义。

表 6-1　变量定义

变量名	变量定义
第一步	
LnCOMP	上市公司前三名高管薪酬总额的自然对数
EPS	每股净利润
CPS	每股经营性现金流
R	上市公司当年5月至次年4月的股票年回报率
P	上市公司4月底的股票收盘价
BPS	上市公司年报每股净资产
第二步	
CEC_eps	盈余激励系数，即年度行业层面模型1回归系数 a1
CEC_cps	现金流激励系数，即年度行业层面模型1回归系数 a2
R^2_eps	盈余估值系数
R^2_cps	现金流估值系数
SIZE	年度行业层面上市公司总资产中值
LEV	年度行业层面上市公司资产负债率中值
MB	年度行业层面上市公司市值账面比中值
Var(eps)	年度行业层面上市公司每股净利润的方差

(续表)

变量名	变量定义
Var(cps)	年度行业层面上市公司每股经营现金流的方差
Var(R)	年度行业层面上市公司年度回报的方差
Pers_earn	年度行业层面上市公司盈余持续性,即年度行业层面当期盈余对上期盈余回归所得系数
Pers_cfo	年度行业层面上市公司现金流持续性,即年度行业层面当期cfo对上期cfo回归所得系数

3.2 样本

本研究采用CSMAR国泰安数据库,选取了2002—2012年中国A股上市公司薪酬数据、股票市场数据及财务报表数据。公司层面检验能较好地控制公司特征的影响,但由于样本量较小(至多有11个观测),使得回归没有效力,因此本研究采用年度行业层面回归。在具体检验中,要求每年每行业公司样本量至少为20个,否则删除该年度该行业内所有上市公司样本。年度行业层面回归虽不能很好地控制公司特征的影响,但其克服了样本量的限制,相对来说回归效力更好。在数据匹配及极端值处理后,年度—公司样本量为10145,代表11个年度236个观测。对这236个年度行业的上市公司分别进行模型(1)至(4)的回归,得到236个年度行业层面盈余及现金流的激励系数及估值系数,在删除负值激励系数及极值处理之后,现金流组样本量为141,盈余组样本量为198,相关变量的描述性统计及相关系数分别见表6-2、表6-3、表6-4。

表6-2 数据描述性统计表

	现金流					
	min	med	mean	max	sd	N
CEC_cps	0.000	0.168	0.232	0.929	0.199	141
R^2_cps	0.000	0.020	0.053	0.488	0.081	141

(续表)

现金流						
	min	med	mean	max	sd	N
SIZE	20.587	21.388	21.568	23.916	0.693	141
LEV	0.295	0.497	0.498	0.775	0.097	141
MB	0.852	2.377	2.771	6.124	1.254	141
Var(eps)	0.020	0.143	0.170	0.663	0.116	141
Var(cps)	0.069	0.384	0.580	4.106	0.587	141
Var(R)	0.011	0.073	0.194	2.570	0.381	141
Pers_earn	-0.581	0.936	0.940	2.453	0.540	141
Pers_cfo	-0.666	0.693	0.657	1.800	0.488	141

盈余						
	min	med	mean	max	sd	N
CEC_eps	0.022	0.658	0.772	2.306	0.493	198
R^2_eps	0.005	0.201	0.238	0.793	0.178	198
SIZE	20.635	21.447	21.649	23.916	0.699	198
LEV	0.295	0.509	0.504	0.775	0.092	198
MB	0.852	2.357	2.769	6.124	1.256	198
Var(eps)	0.020	0.136	0.179	0.868	0.150	198
Var(cps)	0.069	0.458	0.719	4.319	0.768	198
Var(R)	0.013	0.077	0.185	2.570	0.357	198
Pers_earn	-0.320	1.014	0.994	2.453	0.482	198
Pers_cfo	-0.864	0.716	0.694	2.082	0.526	198

由表6-2可以看到,现金流的激励系数中值0.168,均值0.232,中值小于均值,数据分布有右偏现象;估值系数中值、均值分别为0.020、0.053,同样有右偏现象。值得注意的是,由于数据保留三位小数,现金流的激励系数与估值系数的最小值都为零,而事实上两者都大于零。盈余的激励系数中值、均值分别为0.658、0.772,估值系数中值、均值分别为0.201、0.238,可以看到,无论是激励系数还是估值系数,盈余下的结果都要大于现金流下的结果,说明市场在对企业进行估值以及高管激励契约设计中,相对来说,更为看重的会计信息是盈余而非现金流,这与Banker

表 6-3 现金流组回归相关系数表

	CEC_cps	R^2_cps	SIZE	LEV	MB	Var(eps)	Var(cps)	Var(R)	Pers_earn	Pers_cfo
CEC_cps	1									
R^2_cps	**0.0653**	1								
SIZE	-0.2546*	-0.0069	1							
LEV	-0.2721*	0.0786	0.5280*	1						
MB	-0.0558	0.0231	-0.1892*	-0.1564	1					
Var(eps)	-0.1174	-0.0563	0.015	-0.0174	0.1319	1				
Var(cps)	-0.3382*	0.2943*	0.3299*	0.4619*	0.2040*	0.1717*	1			
Var(R)	-0.0538	0.0232	-0.0709	0.0613	-0.0357	-0.1533	-0.0144	1		
Pers_earn	-0.1402	-0.0698	0.1365	0.1419	0.2583*	0.2635*	0.3031*	0.0435	1	
Pers_cfo	-0.0074	-0.0304	0.1494	0.0344	0.081	-0.026	0.1148	-0.0435	0.1333	1

注:*表示在 5%或更好水平下显著。

表 6-4 盈余组回归相关系数表

	CEC_eps	R^2_eps	SIZE	LEV	MB	Var(eps)	Var(cps)	Var(R)	Pers_earn	Pers_cfo
CEC_eps	1									
R^2_eps	0.1918*	1								
SIZE	-0.0128	-0.0474	1							
LEV	0.0393	-0.0185	0.4352*	1						
MB	-0.0735	0.073	-0.1595*	-0.1331	1					
Var(eps)	-0.3744*	0.1393	0.107	0.0097	0.1939*	1				
Var(cps)	0.0683	0.1412*	0.2747*	0.4279*	0.2198*	0.1712*	1			
Var(R)	0.0878	0.0912	-0.1053	0.0721	-0.0279	-0.0975	-0.046	1		
Pers_earn	0.1556*	0.1784*	0.1646*	0.1222	0.2032*	0.1757*	0.2156*	0.0381	1	
Pers_cfo	0.0754	0.1408*	0.0619	-0.0891	0.079	0.0364	0.1119	-0.0005	0.1690*	1

注：*表示在 5% 或更好水平下显著。

et al. (2009)的发现不同。此外,由于本研究的估值系数是基于模型解释度的衡量,都处于 0 至 1 之间,不可能大于 1;而由于激励系数的产生模型中没有对很多因素加以控制,因此这里激励系数可能普遍偏大,如盈余激励系数最大值为 2.306,大于 1。从表 6-3 可以看出,现金流的激励系数与估值系数之间的相关系数为正的 0.0653,但这一系数并不显著;此外还可以看到,现金流波动性越大时,其激励作用越小,但估值作用却越大。表 6-4 显示盈余的激励系数与估值系数之间的相关系数为正的 0.1918,且在 5% 或更好水平下显著;盈余的波动性越大,其激励作用越小,盈余持续性越强,其激励作用与估值作用都越大。

3.3 实证结果

表 6-5 给出了回归结果。回归 1、2 分别对应现金流、盈余估值作用与激励作用相互关系回归结果。由回归 1 可以看到在控制了其他因素之后,现金流的估值系数 R^2 的系数为正的 0.392,且在 10% 水平下显著,说明现金流的估值作用与激励作用之间成正向关系,支持假设 1。此外,Var(cps)的系数为负的 0.099,与相关系数表结果一致,说明现金流波动性越大,其激励作用越小。回归 2 给出了盈余下的回归结果,可以看到盈余估值系数 R^2 的系数为正的 0.562,且在 1% 水平下显著,说明盈余的估值作用与激励作用之间成正向关系,支持了已有研究的结果(许静静,2013),同时可以看到盈余检验下的系数要大于现金流检验下的系数(0.562 > 0.392)。回归 3 给出了盈余及现金流两组合并后的回归结果,可以看到估值系数 R^2 的系数显著为正,这与前面两组回归结果保持一致,说明了会计信息估值作用与激励作用之间存在正向关系,回归 4 在回归 3 的基础上加入交叉项 $DumR^2$,用以检验盈余与现金流两作用之间相互关系的差异。当 Dum 取 1 时表征盈余组回归,Dum 取 0 时表征现金流组回归,因此如果交互项 $DumR^2$ 的系数为

正,则表示较之现金流,盈余两大作用之间相互关系更强;反之,如果交互项 $DumR^2$ 的系数为负,则表示较之现金流,盈余两大作用之间相互关系更弱。由回归 4 的结果可以看到,在加入交互项之后,R^2 的系数显著为负,交互项系数显著为正,说明了盈余两大作用之间的相互关系大于现金流两大作用之间的关系,支持假设 2。

表6-5 回归结果

	(1) CEC_cps	(2) CEC_eps	(3) CEC	(4) CEC
R^2	0.392*	0.562***	1.215***	-0.898**
	(1.87)	(3.07)	(9.02)	(-2.29)
$DumR^2$				2.128***
				(5.70)
SIZE	-0.038	-0.012	-0.011	-0.020
	(-1.36)	(-0.23)	(-0.29)	(-0.56)
LEV	-0.175	-0.110	-0.233	-0.221
	(-0.83)	(-0.26)	(-0.77)	(-0.77)
MB	-0.006	-0.028	-0.026	-0.025
	(-0.45)	(-1.01)	(-1.28)	(-1.32)

(续表)

	(1) CEC_cps	(2) CEC_eps	(3) CEC	(4) CEC
Var(eps)	-0.114	-1.440***	-1.091***	-1.131***
	(-0.78)	(-6.54)	(-6.31)	(-6.84)
Var(cps)	-0.099***	0.065	0.018	0.042
	(-2.81)	(1.32)	(0.46)	(1.12)
Var(R)	-0.040	0.030	-0.037	-0.032
	(-0.93)	(0.34)	(-0.59)	(-0.53)
Pers_earn	0.005	0.194***	0.116**	0.096**
	(0.16)	(2.76)	(2.42)	(2.08)
Pers_cfo	0.020	0.023	0.009	0.001
	(0.62)	(0.37)	(0.19)	(0.02)
_cons	1.206**	1.028	0.847	1.101
	(2.09)	(0.95)	(1.07)	(1.46)
N	141	198	339	339
adj. R^2	0.122	0.211	0.257	0.322

注:括号中为 t 值;***、**、* 分别表示 1%、5%、10% 水平下显著。

4 敏感性测试

在上文对现金流的检验中,估值模型、激励模型都是基于盈余及现金流两种信息,在本部分的敏感性测试中估值模型、激励模型都只基于现金流信息,即利用模型(7)衡量现金流的激励作用,利用模型(8)(9)衡量现金流的估值作用,检验现金流的估值作用、激励作用之间的相互关系,检验结果见表6。由表6的检验结果可以看出:第一组回归中,激励指标基于 CFOA,即总资产经营现金流率,估值作用基于每股经营现金流,结果显示 R^2_cps 系数显著为正,表明现金流的激励作用与估值作用之间成正向关系;第二组回归中,激励作用、估值作用都基于每股经营现金流,结果显示系数 R^2_cps 同样显著为正。敏感性测试结果表明在估值模型、激励模型都只基于现金流信息时,现金流两大作用之间的正向关系仍然成立。

$$\ln COMP_{i,t} = \alpha_0 + \alpha_1 CFOA_{i,t}(CPS_{i,t}) + \alpha_2 R_{i,t} + \mu_{i,t} \quad (7)$$

$$P_{i,t} = \beta_0 + \beta_1 BPS_{i,t} + \varepsilon_{i,t} \quad (8)$$

$$P_{i,t} = \beta_0 + \beta_1 BPS_{i,t} + \beta_2 CPS_{i,t} + \varepsilon_{i,t} \quad (9)$$

表 6-6　敏感性测试回归结果

	(1) CEC_cfoa	(2) CEC_cps
R^2_cps	1.974**	0.269**
	(2.18)	(2.02)
SIZE	-0.239	-0.058**
	(-1.27)	(-2.31)
LEV	-1.930	-0.381**
	(-1.45)	(-2.02)

(续表)

	(1) CEC_cfoa	(2) CEC_cps
MB	0.031	0.008
	(0.36)	(0.68)
Var(cfoa)	−91.835***	
	(−3.45)	
Var(cps)		−0.098***
		(−4.41)
Var(R)	0.037	0.035
	(0.19)	(1.01)
Pers_cfo	0.493**	0.046
	(2.21)	(1.51)
_cons	8.391**	1.737***
	(2.16)	(3.33)
N	179	185
adj. R^2	0.116	0.215

注:括号中为 t 值;***、**、* 分别表示1%、5%、10%水平下显著。

5　本章小结

本章在现有研究基础上,利用中国 A 股资本市场数据,检验了"现金流"这一会计信息的市场估值作用与高管激励作用之间的相互关系,以及这一关系与盈余信息两大作用之间相互关系的差别。结果表明"现金流"这一会计信息的估值作用与激励作用之间呈正向关系,但这种关系要弱于盈余信息。本章是对上一章节盈余信息两大作用之间相互关系研究的补充,丰富了会计信息两大作用之间相互关系研究的文献,对关注利用会计信息特别是现金流信息进行估值及高管激励的主体具有参考价值。

参考文献

1. 杜兴强、王丽华,高层管理当局薪酬与上市公司业绩的相关性实证研究[J],会计研究,2007,1:58—65.
2. 方军雄,我国上市公司高管的薪酬存在粘性吗?[J],经济研究,2009,4:110—124.
3. 刘晶,我国上市公司会计盈余、现金流量信息含量的实证研究[D],山东农业大学硕士学位论文,2005.
4. 刘永泽、孙翯,我国上市公司公允价值信息的价值相关性——基于企业会计准则国际趋同背景的经验研究[J],会计研究,2011,2:16—22.
5. 陆静、孟卫东、廖刚,上市公司会计盈利、现金流量与股票价格的实证研究[J],经济科学,2002,5:34—42.
6. 陆正飞、张会丽,会计准则变革与子公司盈余信息的决策有用性——来自中国资本市场的经验证据[J],会计研究,2009,5:20—28.
7. 潘飞、石美娟、童卫华,高级管理人员激励契约研究[J],中国工业经济,2006,3:68—74.
8. 许静静,会计信息估值作用与激励作用相互关系研究——基于中国A股盈余信息的检验[C],华东师范大学工作论文,2013.
9. 许静静、吕长江,会计信息估值作用与激励作用相互关系研究——基于模型的视角[J],会计研究,2013,5:11—18.
10. 曾庆梅,投资者对会计盈余信息反应的功能锁定现象研究[D],暨南大学硕士学位论文,2008.
11. R. D. Banker, L. Chen, E. Y. Whang, Dupont Analysis, Persistence and the Weight on ROA in Valuation and CEO Compensation, Working Paper, Temple University, 2010.
12. R. D. Banker, R. Huang, R. Natarajan, Incentive Contracting and Value Relevance of Earnings and Cash Flows, Journal of Accounting Research, 2009, 47(3):647—678.
13. R. M. Bushman, E. Engel, A. Smith, An Analysis of the Relation between the Stewardship and Valuation Roles of Earnings, Journal of Accounting Research, 2006, 44(1):53—83.

14. R. M. Bushman, A. J. Smith, Financial Accounting Information and Corporate Governance, Journal of Accounting and Economics, 2001, 32(1—3): 237—333.
15. B. Cadman, M. E. Carter, S. Hillegeist, The Incentives of Compensation Consultants and CEO Pay, Journal of Accounting and Economics, 2010, 49(3): 263—280.
16. S. P. Kothari, Capital Markets Research in Accounting, Journal of Accounting and Economics, 2001, 31(1—3): 105—231.
17. R. A. Lambert, The Use of Accounting and Security Price Measures of Performance in Managerial Compensation Contracts: A Discussion, Journal of Accounting and Economics, 1993, 16(1—3):101—123.
18. R. A. Lambert, Contracting Theory and Accounting, Journal of Accounting and Economics, 2001, 32(1—3): 3—87.
19. Nezlobin, Accrual Accounting, Informational Sufficiency, and Equity Valuation, Journal of Accounting Research, 2012, 50(1): 233—273.
20. J. Ohlson, B. E. Juettner-Nauroth, Expected EPS and EPS Growth as Determinants of Value, Review of Accounting Studies, 2005, 10(2—3):349—365.
21. J. M. Paul, On the Efficiency of Stock-Based Compensation, The Review of Financial Studies, 1992, 5(3):471—502.
22. R. Watts, J. Zimmerman, Towards a Positive Theory of the Determination of Accounting Standards, The Accounting Review, 1978, 53(1):112—134.
23. R. Watts, J. Zimmerman, The Demand for and Supply of Accounting Theories: The Market for Excuses, The Accounting Review, 1979, 54(2):273—305.

第7章 与"基于准则的会计信息作用的研究"的比较

在前面几章,本研究分别从解析模型、实证研究的角度探讨了会计信息市场估值作用、高管激励作用之间的相互关系。解析模型的结果显示两者之间存在正向关系,利用中国 A 股资本市场数据的实证研究结果支持了解析模型的发现。本章将对本研究所探讨的问题与"基于准则的会计信息作用的研究"进行比较,解释两种研究的区别。

"会计信息观"偏向讨论会计信息的估值作用,相对来说更重视会计信息的相关性;"会计契约观"偏向讨论会计信息在企业各契约中的作用,相对来说更重视会计信息的可靠性。Holthausen,Watts(2001)在讨论价值相关性文献对准则制定的作用时谈到,只关注会计信息的估值作用而不考虑会计信息的其他作用,如契约作用,会阻碍对准则制定有用的理论的发展,说明了会计信息两个作用对信息属性的不同侧重,即准则如果强调信息的相关性,会增强会计信息的估值作用,但同时会减弱会计信息的契约作用,因此会计信息的估值作用与契约作用之间似乎是成负向关系,这一点可以从学术界对我国 2007 年推出的与国际会计准则进一步趋同的新准则的相关研究中得到证明。我国 2007 年的新会计准则推出了公允价值的计量,新准则总体上被认为提高了相关性,降低了可靠性,学者们的研究也发现新会计准则下会计信息估值作用与契约作用的不同变化,如薛爽等(2008)发现新会计准则下会计信息的价值相关性更高;张然、张会丽(2008)发现新会计准则下合并报表中少数股东权益的价值相关性和少数股东损益的信息含量要显著高于旧准则下；李玉博（2010）研究发现新准则下会计信息在高管薪酬契约和债务契约中的有用性都明显下降。因此这些基于准则的会计信息作用的研究结果似乎与本研究解析模型结果、实证研究结果相反，因此，笔者在本章将探讨这两个问题的区别。本章首先将对2007新准则下会计信息相关研究进行回顾，然后再分析基于准则的会计信息作用的研究与本研究的区别。

1 关于我国2007新会计准则的研究

由于引入公允价值计量是2007年准则的重要特点，因此对会计信息价值相关性的讨论是有关07准则研究领域中研究最多的内容；此外，赋予经营者对会计信息更多的裁量权和判断权（财政部，2008；陈信元等，2011；何贤杰等，2012）是07准则的第二大特点，从而有关新准则下盈余管理的研究也同样受到很多关注。本部分将针对我国07准则的文献回顾分为07准则下会计信息价值相关性研究、盈余管理研究及其他研究。"其他研究"主要包括07年新准则下会计信息契约作用、企业信息环境等方面。要指出的是，有些文献的研究涉及了好几个方面，因此我们只是相对分类，并不意味着类与类之间绝对独立。

1.1 07新准则下会计信息价值相关性研究

关于我国07新准则会计信息价值相关性的研究，学者们大多基于公允价值的使用而展开，检验方法上并没有区分"基于准则的会计信息价值相关性研究"与"基于基本面分析的价值相关性研究"；研究结果基本一致，即绝大多数研究都发现新准则下会计信息价值相关性更高。

具体来说,如于李胜(2007)研究发现新准则中禁止长期资产减值准备转回的做法有利于提高会计信息的相关性和稳健性,未出现上市公司"赶集"转回长期资产减值准备的现象。同时研究还发现,按新准则调整后的股东权益比旧准则有较高的价值相关性,公允价值计量能够提供增量的价值相关信息。薛爽、赵立新、肖泽忠、程绪兰(2008)研究了我国07新准则是否提高了会计信息的价值相关性,结果发现相对于老会计准则和制度,在新准则下净资产和盈余信息具有更高的价值相关性,新旧准则之间的净资产和盈余差异具有增量的信息含量。张然、张会丽(2008)研究了新会计准则在合并财务报表方面的变迁对少数股东权益和损益信息含量的影响。研究发现,新会计准则下少数股东权益的价值相关性显著提高,且显著高于净资产其他组成部分的价值相关性提高程度;少数股东损益信息含量显著增加,且增加量显著高于盈余的其他组成部分带来的信息增加量。研究结果说明新会计准则的实施使得合并财务报表具有更多信息含量。罗婷、薛健、张海燕(2008)研究了新准则对会计信息价值相关性的影响,发现新准则下会计信息总体价值相关性显著提高,并且受新准则影响部分的价值相关性改善程度要显著好于不受影响的部分。陆正飞、张会丽(2009)研究了新准则下合并报表净利润与母公司报表净利润之间的差异的信息含量,发现在新准则下该差异的决策相关性显著提高,并能提供合并报表净利润之外的增量信息含量。朱凯、赵旭颖、孙红(2009)以会计盈余价值相关性模型为基础,探讨了我国上市公司实施07新准则的经济后果。论文比较分析了会计准则改革前后的会计盈余价值相关性,发现在实施新会计准则后,会计盈余价值相关性并没有显著提高。论文进一步以新旧准则下2006年度净利润调整幅度(差异的绝对值)作为信息准确度的衡量,发现信息准确度调整影响了资本成本和盈余信息的价值相关性。王鹏、陈武朝(2009)以2001—2007年的数据为研究对象,检验了合并财务报表是否比母公司个别财务报表更具价值相关性,以及新准则下基于主体理论编制的合并财务报表是否比基于母公司理论编制的合并财务报表更具价值相关性。结果发现,虽然合并财务报表并不在所有样本期间比母公司个别财务报表更具价值相关性,但合并财务报表可以深入地揭示企业在偿债能力、盈利能力等方面的风险,从而说明合并财务报表是有用的。检验还发现,新准则下基于主体理论编制的合并财务报表比基于母公司理论编制的合并财务报表更具价值相关性。朱丹、刘星、李世新(2010)从经济分析的视角对公允价值的决策有用性进行了探讨,从信息观与计量观两个角度分析了公允价值计量、资产负债表公允价值估值和公允价值利润的决策有用性问题,研究结论支持公允价值的决策有用性,并认为我国在新会计准则体系中全面、适当、谨慎地引入公允价值既具有理论支持,也能够体现会计信息的决策有用性的目标。刘永泽、孙翯(2011)研究了07新准则公允价值信息的价值相关性,发现上市公司披露的与公允价值相关的信息具有一定的价值相关性,新准则提升了会计报告的信息含量。姚立杰、程小可、朱松(2011)研究发现新会计准则实施后,总体来讲,是否考虑资产减值转回对上市公司的盈余价值相关性不具有显著影响,但是对于具有扭亏动机的上市公司来说,考虑资产减值转回和不考虑资产减值转回的盈余价值相关性具有显著差异,且考虑资产减值转回的盈余更具有价值相关性。

1.2 新准则下盈余管理研究

对我国07新准则下盈余管理的研究大多数基于资产减值的讨论而展开,相对于价值相关性研究结果的较为一致,有关新准则对企业盈余管理的影响的研究结果要更加分散,虽然有相当数量文献发现了新准则下企业盈余管理程度的降低,但也有文献发现有所提高。

具体来说,如刘泉军、张政伟(2006)对07新准则进行分析,认为公允价值的适度运用不会成为利润操纵的工具,债务重组不会被滥用,利用减值准备调节利润空间越来越小。沈烈、张西萍(2007)以狭义的盈余管理为出发点,全面分析了会计准则与盈余管理的关系。论文认为在07新准则体系下,盈余管理可借用的空间有消有长,但总体上消大于长。张然、陆正飞、叶康涛(2007)研究新旧会计准则变迁对上市公司长期资产减值准备计提和转回行为的影响。研究发现,上市公司在准则颁布以后、实施以前,并没有由于会计准则变迁而集中转回大量长期资产减值准备,同时上市公司对长期资产减值准备的计提明显更加谨慎,数额有所减少。论文认为新准则的颁布对亏损公司使用减值准备进行"大清洗"的现象有一定的遏制作用。谭洪涛、蔡春(2009)从盈余管理抑制、巨额亏损确认的及时性和价值相关性三个方面比较了07新准则实施前后的会计质量。研究发现,新准则实施后,我国上市公司的会计质量在收益平滑限制、巨额亏损确认及时性、价值相关性方面有了显著提高,而特殊目的盈余管理在实施前后没有显著差别。新准则会计质量的提高主要体现在对巨额亏损的确认和价值相关性的改善上。王玉涛、薛健、陈晓(2009)围绕07新准则的实施要求上市公司披露的股东权益差异调节表,探讨过渡期间上市公司会计选择行为。论文将股东权益差异表的项目分为"会计选择项目"和"非会计选择项目"两类,认为前者属于盈余管理行为。论文进一步考察了上市公司的盈余管理动机,发现当期盈利能力较差、盈利增长缓慢或过去盈利持续性较差的公司更倾向于选择这些会计方法。论文认为从新准则实施日开始,管理层就为自己保留了一些在未来调节利润的机会。陈丽花、黄寿昌、杨雄胜(2009)的研究认为新准则下资产负债观在一定程度上改善了中国上市公司会计信息的质量。

叶建芳、周兰、李丹蒙、郭琳(2009)研究发现,当上市公司持有的金融资产比例较高时,为降低公允价值变动对利润的影响程度,管理层会将较大比例的金融资产确认为可供出售金融资产;在持有期间,为了避免利润的下滑,管理层往往违背最初的持有意图,将可供出售的金融资产在短期内进行处置。步丹璐、叶建明(2009)检验了新准则中关于"资产减值"规定的经济后果,研究发现资产减值信息与经济因素的关系加强。另外,资产减值信息与盈余管理的关系比规定实施前减弱,说明新准则关于资产减值的规定在一定程度上减少了上市公司利用资产减值进行盈余管理的空间,从而使资产减值信息更加具有价值相关性。金智(2010)研究发现,会计信息质量与股价同步性正相关,并且这种正相关性仅存在于负向盈余管理的情况下,而在正向盈余管理的情况下两者之间的正相关性不明显。同时,新准则质量的提高显著减弱了会计信息质量与股价同步性之间的正相关关系。刘启亮、何威风、罗乐(2011)研究了新法律实施、IFRS的强制采用分别对应计与真实盈余管理的影响。研究发现我国2007年实施与IFRS趋同的新会计准则之后,公司的应计盈余管理增加了,而公司整体真实盈余管理水平没有变化。谢德仁(2011)利用1999年、2001—2007年上市公司债务重组的数据来研究会计准则和资本市场监管规则在遏制公司盈余管理方面的作用。研究发现是资本市场监管规则而非会计准则在影响和制约着上市公司是否利用债务重组来进行盈余管理。李姝、黄雯(2011)研究发现新准则实施以后上市公司计提短期资产减值准备的盈余管理动机强于长期资产减值准备。He,Wong,Young(2012)研究了2007—2008年中国内地所有A股上市公司(不包括金融行业),发现那些在证券交易中报告负的公允价值变化的公司更可能会提前卖掉可供出售的金融资产,同时公司通过债务重组来提升利润,这说明中国公司有独特的盈余管理的动机;在中国的市场环境尚不完善的情况下,这些盈余管理和利润平滑手段会弱化 IFRS 公允价值会计的潜在优势。

1.3 新准则其他方面的研究

相对于针对我国 07 新准则会计信息价值相关性的大量研究,有关新准则会计信息契约作用的研究则显得不足,少量的相关研究结果都表明新准则下会计信息契约作用的降低。例如,娄芳、李玉博、原红旗(2010)研究了新会计准则的变动对现金股利和盈余关系的影响。研究发现 2007 年执行新会计准则后,会计收益对现金分红的解释力显著降低;上市公司制定现金股利政策时,会区别对待新准则下利润各组成部分的持续性和现金流效应,而股权集中的公司不会有这样的区别对待。李玉博(2010)研究发现新准则下会计信息在高管薪酬契约和债务契约中的有用性都明显下降。

此外,相对于学术界对 IFRS 在信息环境方面经济后果的丰富研究,针对我国 07 新准则在这方面的研究则明显不够,有代表性的只有何贤杰、肖土盛、田野、陈信元(2012),他们以分析师的盈利预测作为研究视角,考察了新会计准则的实施对于资本市场信息环境的影响。研究发现,采用新会计准则后,分析师的盈利预测误差显著增加,并且对于会计信息中需要管理层主观判断较多的公司以及公允价值使用程度较高的公司,其预测的误差增加程度更大。此外,新会计准则对分析师盈利预测的负面影响在治理环境较差的地区更加严重。进一步的检验还发现,实施新会计准则后,分析师的预测分歧也显著增加。结论表明,新会计准则的实施并没有改善资本市场的信息环境,反而增加了信息不对称的程度。

关于 07 新准则,还有一些其他方面的探讨,如薛爽、徐浩萍、施海娜(2009)关注 07 新准则下应计利润功能的变化,借此评价公允价值对会计盈余的影响。王素荣、蒋高乐(2009)发现07新准则下上市公司平均所得税税负的降低。杜兴强、雷宇、朱国泓(2009)实证检验了《企业会计准则(2006)》制定和颁布过程中的市场反应。黄世忠(2009)探讨了公允价值会计是否具有顺周期效应从而导致金融危机愈演愈烈。郝振平、陈武朝(2010)通过测试国际公认会计准则的采用与公司业绩的相关关系来研究会计准则国际趋同过程中的特点和趋势。研究发现按照国际准则计算的资产和利润更加实在,国际准则表现为更加谨慎或更加稳健。刘玉廷、王鹏、薛杰(2010)基于上市公司2009年年度财务报告的分析,从多个方面验证了企业新会计准则的经济效果。汪祥耀、叶正虹(2011)探讨了新准则的执行对股权资本成本的影响。李刚、刘浩、徐华新、孙铮(2011)从隐性知识及其传递理论出发,指出会计准则从规则导向走向原则导向,在更好地适应复杂经济交易的同时,也使会计准则中隐性知识的比重上升——原则性描述大量替代量化标准,这使新准则的执行更加困难。姜英兵、严婷(2012)实证检验了制度环境对会计准则执行的影响。胡奕明、刘奕均(2012)研究了公允价值会计是否会加剧市场波动。张先治、于悦(2013)构建了研究框架,探讨会计准则变革、微观企业财务行为与宏观经济发展之间的相互关系。

2 基于准则的会计信息作用的研究与本研究的区别

会计契约与估值作用对会计信息属性需求的偏差导致会计信息作用之间似乎呈现负向关系,这也是基于准则的会计信息作用的研究发现的结果。由上文对我国07准则相关研究的回顾可以看出,07新准则下会计信息估值作用有所提高,但契约作用有所下降。而本研究中,无论是解析研究结果,还是实证研究结果都表明会计信息估值作用与高管激励作用呈现正向关系,从而使得这两个研究结果看似矛盾。本节将讨论这两个研究的区别,说明本研究的结论与文献中基于准则的会计信息作用的研究结论并不矛盾,这两个看似相同的研究问题其实本质上不同。

在本研究中,会计信息的估值作用与激励作用都是内生于公司的变量,估值作用与激励作用的大小都与公司本身特征相关,具体问题更偏向于截面上的公司层面的比较结果,简单来说,在同一个时点,各个公司对会计信息的使用呈现出的关系。本研究解析结果表明会计信息估值作用与激励作用之间呈现正向关系,意味着当公司对会计信息在激励契约中赋予的权重越高时,该公司的会计信息在资本市场中的估值作用也越大。而基于准则的会计信息作用的相关研究忽略了所有公司层面的特征,关注的是会计信息本身属性的变化导致的估值作用与激励作用的变化,即如果会计信息的相关性加强,则很可能导致会计信息估值作用增加,而激励作用减小,这是与会计信息属性变化之前的信息估值作用与激励作用相比较的结果。在这种情况下,检验更偏向于时间序列上的比较,所有的公司层面特征都被忽略或者说是被同质,不会对会计信息的使用产生影响。因此本研究与基于准则的信息作用的研究本质上属于两个层面,举例说明如下:

样本年度为2006、2007年,假设市场中有3家公司A、B、C,2006、2007年这三家公司会计信息的估值作用与激励作用的大小如表7-1所示。本研究中,估值作用与激励作用之间成正向关系,即2006、2007年A、B、C三家公司都是估值作用越大,激励作用就越大;2007年由于推出新准则从而影响了估值作用与激励作用,从估值作用来看,2007年大于2006年,从激励作用来看,2007年则小于2006年,从而成负向关系。

表 7-1 A、B、C 公司 2006、2007 年会计信息的估值作用与激励作用

	2006 年		2007 年	
	估值作用	激励作用	估值作用	激励作用
A	0.1	0.1	0.2	0.05
B	0.2	0.2	0.4	0.10
C	0.3	0.3	0.6	0.15

3 本章小结

本章对有关我国 2007 年开始实施的新会计准则的相关研究进行了回顾,在此基础上阐释本研究所探讨的会计信息两大作用之间的相互关系与"基于准则的会计信息作用的研究"两者之间的区别。一方面表明本研究所发现的会计信息两大作用之间的正向关系与"基于准则的会计信息作用研究所发现的负向关系"并不矛盾,另一方面也可以帮助读者更清楚地认识本研究所探讨的问题。

参考文献

1. 步丹璐、叶建明,《资产减值》的经济后果——基于新旧会计准则比较的视角,中国会计评论,2009,3:315—328.
2. 陈丽花、黄寿昌、杨雄胜,资产负债观会计信息的市场效应检验——基于《企业会计准则第 18 号——所得税》施行一年的研究,会计研究,2009,5:29—37、96.
3. 杜兴强、雷宇、朱国泓,企业会计准则(2006)的市场反应:初步的经验证据,会计研究,2009,3:18—24、94.
4. 郝振平、陈武朝,会计准则国际趋同与公司业绩:一项经验检验,财经研究,2010,3:66—76.
5. 何贤杰、肖土盛、田野、陈信元,新会计准则对资本市场信息环境的影响研究,中国会计与财务研究,2012,1:118—165.
6. 胡奕明、刘奕均,公允价值会计与市场波动,会计研究,2012,6:12—18、92.
7. 黄世忠,公允价值会计的顺周期效应及其应对策略,会计研究,2009,11:23—

29、95.

8. 姜英兵、严婷,制度环境对会计准则执行的影响研究,会计研究,2012,4:69—78、95.

9. 金智,新会计准则、会计信息质量与股价同步性,会计研究,2010,7:19—26、95.

10. 李刚、刘浩、徐华新、孙铮,原则导向、隐性知识与会计准则的有效执行——从会计信息生产者的角度,会计研究,2011,6:17—24、95.

11. 李姝、黄雯,长期资产减值、盈余管理与价值相关性——基于新会计准则变化的实证研究,管理评论,2011,10:144—151.

12. 李玉博,新会计准则对会计信息契约作用的影响研究[D],上海财经大学硕士学位论文,2010.

13. 刘启亮、何威风、罗乐,IFRS的强制采用、新法律实施与应计及真实盈余管理,中国会计与财务研究,2011,13:57—121.

14. 刘泉军、张政伟,新会计准则引发的思考,会计研究,2006,3:7—10、95.

15. 刘永泽、孙蔚,我国上市公司公允价值信息的价值相关性——基于企业会计准则国际趋同背景的经验研究,会计研究,2011,2:16—22、96.

16. 刘玉廷、王鹏、薛杰,企业会计准则实施的经济效果——基于上市公司2009年年度财务报告的分析,会计研究,2010,6:3—12.

17. 娄芳、李玉博、原红旗,新会计准则对现金股利和会计盈余关系影响的研究,管理世界,2010,1:122—132.

18. 陆正飞、张会丽,会计准则变革与子公司盈余信息的决策有用性——来自中国资本市场的经验证据[J],会计研究,2009,5:20—28.

19. 罗婷、薛健、张海燕,解析新会计准则对会计信息价值相关性的影响,中国会计评论,2008,2:129—140.

20. 沈烈、张西萍,新会计准则与盈余管理,会计研究,2007,2:52—58.

21. 谭洪涛、蔡春,新准则实施会计质量实证研究——来自A股上市公司的经验证据,中国会计评论,2009,2:127—156.

22. 汪祥耀、叶正虹,执行新会计准则是否降低了股权资本成本——基于我国资本市场的经验证据,中国工业经济,2011,3:119—128.

23. 王鹏、陈武朝,合并财务报表的价值相关性研究,会计研究,2009,5:46—52、97.

24. 王素荣、蒋高乐,新会计准则对上市公司所得税税负影响研究,中国工业经济,2009,12:117—127.
25. 王玉涛、薛健、陈晓,企业会计选择与盈余管理——基于新旧会计准则变动的研究,中国会计评论,2009,3:255—270.
26. 谢德仁,会计准则、资本市场监管规则与盈余管理之遏制:来自上市公司债务重组的经验证据,会计研究,2011,3:19—26、94.
27. 薛爽、徐浩萍、施海娜,公允价值的运用与应计利润功能——基于中国新旧会计准则比较的研究,南开管理评论,2009,5:125—135.
28. 薛爽、赵立新、肖泽中、程绪兰,会计准则国际趋同是否提高了会计信息的价值相关性?——基于新老会计准则的比较研究[J],财贸研究,2008,9:62—67.
29. 姚立杰、程小可、朱松,盈余管理动机、资产减值转回和盈余价值相关性,宁夏大学学报,2011,3:160—164.
30. 叶建芳、周兰、李丹蒙、郭琳,管理层动机、会计政策选择与盈余管理——基于新会计准则下上市公司金融资产分类的实证研究,会计研究,2009,3:25—30、94.
31. 于李胜,盈余管理动机、信息质量与政府监管,会计研究,2007,9:42—49、95—96.
32. 张然、陆正飞、叶康涛,会计准则变迁与长期资产减值,管理世界,2007,8:77—84、139.
33. 张然、张会丽,新会计准则中合并报表理论变革的经济后果研究——基于少数股东权益、少数股东权益信息含量变化的研究[J],会计研究,2008,12:39—46.
34. 张先治、于悦,会计准则变革、企业财务行为与经济发展的传导效应和循环机理,会计研究,2013,10:3—12、96.
35. 朱丹、刘星、李世新,公允价值的决策有用性:从经济分析视角的思考,会计研究,2010,6:84—90、96.
37. 朱凯、赵旭颖、孙红,会计准则改革、信息准确度与价值相关性——基于中国会计准则改革的经验证据,管理世界,2009,4:47—54.
38. R. Holthausen, R. Watts, The Relevance of Value-relevance Literature for Financial Accounting Standard Setting [J], Journal of Accounting and Economics, 2001, 31:3—75.

附 录

剩余收益估值模型推导
(Dechow et al.,1999;Lee,1999)

有股利估值模型:

$$P_t = \sum_{\tau=1}^{\infty} \frac{E_t[d_{t+\tau}]}{(1+\gamma)^\tau} \quad (1)$$

清洁盈余(Clean Surplus Relation)假设条件:

$$b_t = b_{t-1} + x_t - d_t \quad (2)$$

将(2)式代入(1)式得:

$$P_t = \sum_{\tau=1}^{\infty} \frac{E_t[d_{t+\tau-1} + x_{t+\tau} - b_{t+\tau}]}{(1+\gamma)^\tau} \quad (3)$$

(3)式进行数学变换后,可得:

$$P_t = b_t + \sum_{\tau=1}^{\infty} \frac{E_t[x_{t+\tau} - \gamma b_{t+\tau-1}]}{(1+\gamma)^\tau} - \frac{E_t[b_{t+\infty}]}{(1+\gamma)^\infty} \quad (4)$$

(4)式中最后一项等于零,于是(4)式就变成:

$$P_t = b_t + \sum_{\tau=1}^{\infty} \frac{E_t[x_{t+\tau} - \gamma b_{t+\tau-1}]}{(1+\gamma)^\tau}$$

即剩余收益估值模型。

剩余收益模型最一般的经济学形式是将企业价值表达成投资资金与未来活动产生的剩余收益的现值之和,即:

$$\mathrm{FirmValue}_t = \mathrm{Capital}_t + \mathrm{PV}(\text{allfuture "Residual Income"})$$

这里的 Residual Income 定义为盈余减去资本成本,即:

$$RI_t = Earnings_t - (r * Capital_{t-1})$$

其中,r 为资本成本率。

剩余收益模型在会计学中的应用其实是其一般形式的一个特例,即将资本与盈余都基于股东角度定义,其本质上就等同于加上了清洁盈余假设后的股利折现模型。

《中华人民共和国证券法》(2014 年)

第三节 持续信息公开

第六十三条 发行人、上市公司依法披露的信息,必须真实、准确、完整,不得有虚假记载、误导性陈述或者重大遗漏。

第六十四条 经国务院证券监督管理机构核准依法公开发行股票,或者经国务院授权的部门核准依法公开发行公司债券,应当公告招股说明书、公司债券募集办法。依法公开发行新股或者公司债券的,还应当公告财务会计报告。

第六十五条 上市公司和公司债券上市交易的公司,应当在每一会计年度的上半年结束之日起二个月内,向国务院证券监督管理机构和证券交易所报送记载以下内容的中期报告,并予公告:

(一)公司财务会计报告和经营情况;

(二)涉及公司的重大诉讼事项;

(三)已发行的股票、公司债券变动情况;

(四)提交股东大会审议的重要事项;

(五)国务院证券监督管理机构规定的其他事项。

第六十六条 上市公司和公司债券上市交易的公司,应当在每一会计年度结束之日起四个月内,向国务院证券监督管理机构和证券交易所报送记载以下内容的年度报告,并予公告:

(一)公司概况;

(二)公司财务会计报告和经营情况;

（三）董事、监事、高级管理人员简介及其持股情况；

（四）已发行的股票、公司债券情况，包括持有公司股份最多的前十名股东的名单和持股数额；

（五）公司的实际控制人；

（六）国务院证券监督管理机构规定的其他事项。

第六十七条 发生可能对上市公司股票交易价格产生较大影响的重大事件，投资者尚未得知时，上市公司应当立即将有关该重大事件的情况向国务院证券监督管理机构和证券交易所报送临时报告，并予公告，说明事件的起因、目前的状态和可能产生的法律后果。

下列情况为前款所称重大事件：

（一）公司的经营方针和经营范围的重大变化；

（二）公司的重大投资行为和重大的购置财产的决定；

（三）公司订立重要合同，可能对公司的资产、负债、权益和经营成果产生重要影响；

（四）公司发生重大债务和未能清偿到期重大债务的违约情况；

（五）公司发生重大亏损或者重大损失；

（六）公司生产经营的外部条件发生的重大变化；

（七）公司的董事、三分之一以上监事或者经理发生变动；

（八）持有公司百分之五以上股份的股东或者实际控制人，其持有股份或者控制公司的情况发生较大变化；

（九）公司减资、合并、分立、解散及申请破产的决定；

（十）涉及公司的重大诉讼，股东大会、董事会决议被依法撤销或者宣告无效；

（十一）公司涉嫌犯罪被司法机关立案调查，公司董事、监事、高级管理人员涉嫌犯罪被司法机关采取强制措施；

（十二）国务院证券监督管理机构规定的其他事项。

第六十八条 上市公司董事、高级管理人员应当对公司定期报告签署书面确认意见。

上市公司监事会应当对董事会编制的公司定期报告进行审核并提出书面审核意见。

上市公司董事、监事、高级管理人员应当保证上市公司所披露的信息真实、准确、完整。

第六十九条 发行人、上市公司公告的招股说明书、公司债券募集办法、财务会计报告、上市报告文件、年度报告、中期报告、临时报告以及其他信息披露资料，有虚假记载、误导性陈述或者重大遗漏，致使投资者在证券交易中遭受损失的，发行人、上市公司应当承担赔偿责任；发行人、上市公司的董事、监事、高级管理人员和其他直接责任人员以及保荐人、承销的证券公司，应当与发行人、上市公司承担连带赔偿责任，但是能够证明自己没有过错的除外；发行人、上市公司的控股股东、实际控制人有过错的，应当与发行人、上市公司承担连带赔偿责任。

第七十条 依法必须披露的信息，应当在国务院证券监督管理机构指定的媒体发布，同时将其置备于公司住所、证券交易所，供社会公众查阅。

第七十一条 国务院证券监督管理机构对上市公司年度报告、中期报告、临时报告以及公告的情况进行监督，对上市公司分派或者配售新股的情况进行监督，对上市公司控股股东和信息披露义务人的行为进行监督。

证券监督管理机构、证券交易所、保荐人、承销的证券公司及有关人员，对公司依照法律、行政法规规定必须作出的公告，在公告前不得泄露其内容。

第七十二条 证券交易所决定暂停或者终止证券上市交易的，应当及时公告，并报国务院证券监督管理机构备案。

《公开发行证券的公司信息披露内容与格式准则第 2 号〈年度报告的内容与格式〉》2014 年修订稿

第八节 董事、监事、高级管理人员和员工情况

第四十七条 公司应当披露董事、监事和高级管理人员的情况,包括:

(一)基本情况。现任及报告期内离任董事、监事、高级管理人员的姓名、性别、年龄、任期起止日期、年初和年末持有本公司股份、股票期权、被授予的限制性股票数量、年度内股份增减变动量及增减变动的原因。如为独立董事,需单独注明。

(二)现任董事、监事、高级管理人员最近 5 年的主要工作经历。董事、监事、高级管理人员如在股东单位任职,应当说明其职务及任职期间,以及在除股东单位外的其他单位的任职或兼职情况。

(三)年度报酬情况

董事、监事和高级管理人员报酬的决策程序、报酬确定依据以及应付报酬情况。报告期末每位现任及报告期内离任董事、监事和高级管理人员在报告期内从公司获得的应付报酬总额及在其股东单位领薪情况。报告期末全体董事、监事和高级管理人员实际获得的报酬合计。

对于董事、监事和高级管理人员获得的股权激励,公司应当按照已解锁股份、未解锁股份、可行权股份、已行权股份、行权价以及报告期末市价单独列示。

(四)在报告期内被选举或离任的董事和监事、聘任或解聘的高级管理人员姓名,及董事、监事离任和高级管理人员解聘原因。

第四十八条 公司应当披露报告期内核心技术团队或关键技术人员(非董事、监事、高级管理人员)等对公司核心竞争力有重大影响的人员的变动情况,并说明变动对公司经营的影响及公司采取的

应对措施。

第四十九条 公司应当披露母公司和主要子公司的员工情况,包括在职员工的数量、专业构成(如生产人员、销售人员、技术人员、财务人员、行政人员)、教育程度、员工薪酬政策、培训计划以及需公司承担费用的离退休职工人数。其中,专业构成和教育程度须以柱状图或饼状图等统计图表列示。

对于劳务外包数量较大的,公司应当披露劳务外包的工时总数和支付的报酬总额。

《上市公司股权激励管理办法》(试行)

第一章 总 则

第一条 为进一步促进上市公司建立、健全激励与约束机制,依据《中华人民共和国公司法》、《中华人民共和国证券法》及其他有关法律、行政法规的规定,制定本办法。

第二条 本办法所称股权激励是指上市公司以本公司股票为标的,对其董事、监事、高级管理人员及其他员工进行的长期性激励。

上市公司以限制性股票、股票期权及法律、行政法规允许的其他方式实行股权激励计划的,适用本办法的规定。

第三条 上市公司实行的股权激励计划,应当符合法律、行政法规、本办法和公司章程的规定,有利于上市公司的持续发展,不得损害上市公司利益。

上市公司的董事、监事和高级管理人员在实行股权激励计划中应当诚实守信,勤勉尽责,维护公司和全体股东的利益。

第四条 上市公司实行股权激励计划,应当严格按照有关规定和本办法的要求履行信息披露义务。

第五条 为上市公司股权激励计划出具意见的专业机构,应当诚实守信、勤勉尽责,保证所出具的文件真实、准确、完整。

第六条 任何人不得利用股权激励计划进行内幕交易、操纵证券交易价格和进行证券欺诈活动。

第二章 一 般 规 定

第七条 上市公司具有下列情形之一的,不得实行股权激励计划:

(一)最近一个会计年度财务会计报告被注册会计师出具否定意见或者无法表示意见的审计报告;

(二)最近一年内因重大违法违规行为被中国证监会予以行政处罚;

(三)中国证监会认定的其他情形。

第八条 股权激励计划的激励对象可以包括上市公司的董事、监事、高级管理人员、核心技术(业务)人员,以及公司认为应当激励的其他员工,但不应当包括独立董事。

下列人员不得成为激励对象:

(一)最近3年内被证券交易所公开谴责或宣布为不适当人选的;

(二)最近3年内因重大违法违规行为被中国证监会予以行政处罚的;

(三)具有《中华人民共和国公司法》规定的不得担任公司董事、监事、高级管理人员情形的。

股权激励计划经董事会审议通过后,上市公司监事会应当对激励对象名单予以核实,并将核实情况在股东大会上予以说明。

第九条 激励对象为董事、监事、高级管理人员的,上市公司应当建立绩效考核体系和考核办法,以绩效考核指标为实施股权激励计划的条件。

第十条 上市公司不得为激励对象依股权激励计划获取有关权益提供贷款以及其他任何形式的财务资助,包括为其贷款提供担保。

第十一条 拟实行股权激励计划的上市公司,可以根据本公司实际情况,通过以下方式解决标的股票来源:

(一)向激励对象发行股份;

(二)回购本公司股份;

(三)法律、行政法规允许的其他方式。

第十二条 上市公司全部有效的股权激励计划所涉及的标的股票总数累计不得超过公司股本总额的10%。

非经股东大会特别决议批准,任何一名激励对象通过全部有效的股权激励计划获授的本公司股票累计不得超过公司股本总额的1%。

本条第一款、第二款所称股本总额是指股东大会批准最近一次股权激励计划时公司已发行的股本总额。

第十三条 上市公司应当在股权激励计划中对下列事项做出明确规定或说明:

(一)股权激励计划的目的;

(二)激励对象的确定依据和范围;

(三)股权激励计划拟授予的权益数量、所涉及的标的股票种类、来源、数量及占上市公司股本总额的百分比;若分次实施的,每次拟授予的权益数量、所涉及的标的股票种类、来源、数量及占上市公司股本总额的百分比;

(四)激励对象为董事、监事、高级管理人员的,其各自可获授的权益数量、占股权激励计划拟授予权益总量的百分比;其他激励对象(各自或按适当分类)可获授的权益数量及占股权激励计划拟授予权益总量的百分比;

(五)股权激励计划的有效期、授权日、可行权日、标的股票的禁售期;

(六)限制性股票的授予价格或授予价格的确定方法,股票期权的行权价格或行权价格的确定方法;

(七)激励对象获授权益、行权的条件,如绩效考核体系和考核

办法,以绩效考核指标为实施股权激励计划的条件;

(八)股权激励计划所涉及的权益数量、标的股票数量、授予价格或行权价格的调整方法和程序;

(九)公司授予权益及激励对象行权的程序;

(十)公司与激励对象各自的权利义务;

(十一)公司发生控制权变更、合并、分立、激励对象发生职务变更、离职、死亡等事项时如何实施股权激励计划;

(十二)股权激励计划的变更、终止;

(十三)其他重要事项。

第十四条 上市公司发生本办法第七条规定的情形之一时,应当终止实施股权激励计划,不得向激励对象继续授予新的权益,激励对象根据股权激励计划已获授但尚未行使的权益应当终止行使。

在股权激励计划实施过程中,激励对象出现本办法第八条规定的不得成为激励对象的情形的,上市公司不得继续授予其权益,其已获授但尚未行使的权益应当终止行使。

第十五条 激励对象转让其通过股权激励计划所得股票的,应当符合有关法律、行政法规及本办法的规定。

第三章 限制性股票

第十六条 本办法所称限制性股票是指激励对象按照股权激励计划规定的条件,从上市公司获得的一定数量的本公司股票。

第十七条 上市公司授予激励对象限制性股票,应当在股权激励计划中规定激励对象获授股票的业绩条件、禁售期限。

第十八条 上市公司以股票市价为基准确定限制性股票授予价格的,在下列期间内不得向激励对象授予股票:

(一)定期报告公布前30日;

(二)重大交易或重大事项决定过程中至该事项公告后2个交易日;

(三)其他可能影响股价的重大事件发生之日起至公告后2个

交易日。

第四章 股票期权

第十九条 本办法所称股票期权是指上市公司授予激励对象在未来一定期限内以预先确定的价格和条件购买本公司一定数量股份的权利。

激励对象可以其获授的股票期权在规定的期间内以预先确定的价格和条件购买上市公司一定数量的股份,也可以放弃该种权利。

第二十条 激励对象获授的股票期权不得转让、用于担保或偿还债务。

第二十一条 上市公司董事会可以根据股东大会审议批准的股票期权计划,决定一次性授出或分次授出股票期权,但累计授出的股票期权涉及的标的股票总额不得超过股票期权计划所涉及的标的股票总额。

第二十二条 股票期权授权日与获授股票期权首次可以行权日之间的间隔不得少于1年。

股票期权的有效期从授权日计算不得超过10年。

第二十三条 在股票期权有效期内,上市公司应当规定激励对象分期行权。

股票期权有效期过后,已授出但尚未行权的股票期权不得行权。

第二十四条 上市公司在授予激励对象股票期权时,应当确定行权价格或行权价格的确定方法。行权价格不应低于下列价格较高者:

(一)股权激励计划草案摘要公布前一个交易日的公司标的股票收盘价;

(二)股权激励计划草案摘要公布前30个交易日内的公司标的股票平均收盘价。

第二十五条 上市公司因标的股票除权、除息或其他原因需要调整行权价格或股票期权数量的,可以按照股票期权计划规定的原则和方式进行调整。

上市公司依据前款调整行权价格或股票期权数量的,应当由董事会做出决议并经股东大会审议批准,或者由股东大会授权董事会决定。

律师应当就上述调整是否符合本办法、公司章程和股票期权计划的规定向董事会出具专业意见。

第二十六条 上市公司在下列期间内不得向激励对象授予股票期权：

（一）定期报告公布前30日；

（二）重大交易或重大事项决定过程中至该事项公告后2个交易日；

（三）其他可能影响股价的重大事件发生之日起至公告后2个交易日。

第二十七条 激励对象应当在上市公司定期报告公布后第2个交易日,至下一次定期报告公布前10个交易日内行权,但不得在下列期间内行权：

（一）重大交易或重大事项决定过程中至该事项公告后2个交易日；

（二）其他可能影响股价的重大事件发生之日起至公告后2个交易日。

第五章 实施程序和信息披露

第二十八条 上市公司董事会下设的薪酬与考核委员会负责拟定股权激励计划草案。薪酬与考核委员会应当建立完善的议事规则,其拟订的股权激励计划草案应当提交董事会审议。

第二十九条 独立董事应当就股权激励计划是否有利于上市公司的持续发展,是否存在明显损害上市公司及全体股东利益发表独立意见。

第三十条 上市公司应当在董事会审议通过股权激励计划草案

后的2个交易日内,公告董事会决议、股权激励计划草案摘要、独立董事意见。

股权激励计划草案摘要至少应当包括本办法第十三条第(一)至(八)项、第(十二)项的内容。

第三十一条 上市公司应当聘请律师对股权激励计划出具法律意见书,至少对以下事项发表专业意见:

(一)股权激励计划是否符合本办法的规定;

(二)股权激励计划是否已经履行了法定程序;

(三)上市公司是否已经履行了信息披露义务;

(四)股权激励计划是否存在明显损害上市公司及全体股东利益和违反有关法律、行政法规的情形;

(五)其他应当说明的事项。

第三十二条 上市公司董事会下设的薪酬与考核委员会认为必要时,可以要求上市公司聘请独立财务顾问,对股权激励计划的可行性、是否有利于上市公司的持续发展、是否损害上市公司利益以及对股东利益的影响发表专业意见。

独立财务顾问应当出具独立财务顾问报告,至少对以下事项发表专业意见:

(一)股权激励计划是否符合本办法的规定;

(二)公司实行股权激励计划的可行性;

(三)对激励对象范围和资格的核查意见;

(四)对股权激励计划权益授出额度的核查意见;

(五)公司实施股权激励计划的财务测算;

(六)公司实施股权激励计划对上市公司持续经营能力、股东权益的影响;

(七)对上市公司是否为激励对象提供任何形式的财务资助的核查意见;

(八)股权激励计划是否存在明显损害上市公司及全体股东利益的情形;

（九）上市公司绩效考核体系和考核办法的合理性；

（十）其他应当说明的事项。

第三十三条 董事会审议通过股权激励计划后,上市公司应将有关材料报中国证监会备案,同时抄报证券交易所及公司所在地证监局。

上市公司股权激励计划备案材料应当包括以下文件：

（一）董事会决议；

（二）股权激励计划；

（三）法律意见书；

（四）聘请独立财务顾问的,独立财务顾问报告；

（五）上市公司实行股权激励计划依照规定需要取得有关部门批准的,有关批复文件；

（六）中国证监会要求报送的其他文件。

第三十四条 中国证监会自收到完整的股权激励计划备案申请材料之日起20个工作日内未提出异议的,上市公司可以发出召开股东大会的通知,审议并实施股权激励计划。在上述期限内,中国证监会提出异议的,上市公司不得发出召开股东大会的通知审议及实施该计划。

第三十五条 上市公司在发出召开股东大会通知时,应当同时公告法律意见书；聘请独立财务顾问的,还应当同时公告独立财务顾问报告。

第三十六条 独立董事应当就股权激励计划向所有的股东征集委托投票权。

第三十七条 股东大会应当对股权激励计划中的如下内容进行表决：

（一）股权激励计划所涉及的权益数量、所涉及的标的股票种类、来源和数量；

（二）激励对象的确定依据和范围；

（三）股权激励计划中董事、监事各自被授予的权益数额或权益

数额的确定方法;高级管理人员和其他激励对象(各自或按适当分类)被授予的权益数额或权益数额的确定方法;

(四)股权激励计划的有效期、标的股票禁售期;

(五)激励对象获授权益、行权的条件;

(六)限制性股票的授予价格或授予价格的确定方法,股票期权的行权价格或行权价格的确定方法;

(七)股权激励计划涉及的权益数量、标的股票数量、授予价格及行权价格的调整方法和程序;

(八)股权激励计划的变更、终止;

(九)对董事会办理有关股权激励计划相关事宜的授权;

(十)其他需要股东大会表决的事项。

股东大会就上述事项作出决议,必须经出席会议的股东所持表决权的2/3以上通过。

第三十八条 股权激励计划经股东大会审议通过后,上市公司应当持相关文件到证券交易所办理信息披露事宜,到证券登记结算机构办理有关登记结算事宜。

第三十九条 上市公司应当按照证券登记结算机构的业务规则,在证券登记结算机构开设证券账户,用于股权激励计划的实施。

尚未行权的股票期权,以及不得转让的标的股票,应当予以锁定。

第四十条 激励对象的股票期权的行权申请以及限制性股票的锁定和解锁,经董事会或董事会授权的机构确认后,上市公司应当向证券交易所提出行权申请,经证券交易所确认后,由证券登记结算机构办理登记结算事宜。

已行权的股票期权应当及时注销。

第四十一条 除非得到股东大会明确授权,上市公司变更股权激励计划中本办法第三十七条所列事项的,应当提交股东大会审议批准。

第四十二条 上市公司应在定期报告中披露报告期内股权激励

计划的实施情况,包括:

(一) 报告期内激励对象的范围;

(二) 报告期内授出、行使和失效的权益总额;

(三) 至报告期末累计已授出但尚未行使的权益总额;

(四) 报告期内授予价格与行权价格历次调整的情况以及经调整后的最新授予价格与行权价格;

(五) 董事、监事、高级管理人员各自的姓名、职务以及在报告期内历次获授和行使权益的情况;

(六) 因激励对象行权所引起的股本变动情况;

(七) 股权激励的会计处理方法。

第四十三条 上市公司应当按照有关规定在财务报告中披露股权激励的会计处理。

第四十四条 证券交易所应当在其业务规则中明确股权激励计划所涉及的信息披露要求。

第四十五条 证券登记结算机构应当在其业务规则中明确股权激励计划所涉及的登记结算业务的办理要求。

第六章 监管和处罚

第四十六条 上市公司的财务会计文件有虚假记载的,负有责任的激励对象自该财务会计文件公告之日起12个月内由股权激励计划所获得的全部利益应当返还给公司。

第四十七条 上市公司不符合本办法的规定实行股权激励计划的,中国证监会责令其改正,对公司及相关责任人依法予以处罚;在责令改正期间,中国证监会不受理该公司的申请文件。

第四十八条 上市公司未按照本办法及其他相关规定披露股权激励计划相关信息或者所披露的信息有虚假记载、误导性陈述或者重大遗漏的,中国证监会责令其改正,对公司及相关责任人依法予以处罚。

第四十九条 条利用股权激励计划虚构业绩、操纵市场或者进行内幕交易,获取不正当利益的,中国证监会依法没收违法所得,对相关责任人员采取市场禁入等措施;构成犯罪的,移交司法机关依法查处。

第五十条 为上市公司股权激励计划出具意见的相关专业机构未履行勤勉尽责义务,所发表的专业意见存在虚假记载、误导性陈述或者重大遗漏的,中国证监会对相关专业机构及签字人员采取监管谈话、出具警示函、责令整改等措施,并移交相关专业机构主管部门处理;情节严重的,处以警告、罚款等处罚;构成证券违法行为的,依法追究法律责任。

第七章 附 则

第五十一条 本办法下列用语具有如下含义:

高级管理人员:指上市公司经理、副经理、财务负责人、董事会秘书和公司章程规定的其他人员。

标的股票:指根据股权激励计划,激励对象有权获授或购买的上市公司股票。

权益:指激励对象根据股权激励计划获得的上市公司股票、股票期权。

授权日:指上市公司向激励对象授予股票期权的日期。授权日必须为交易日。

行权:指激励对象根据股票期权激励计划,在规定的期间内以预先确定的价格和条件购买上市公司股份的行为。

可行权日:指激励对象可以开始行权的日期。可行权日必须为交易日。

行权价格:上市公司向激励对象授予股票期权时所确定的、激励对象购买上市公司股份的价格。

授予价格:上市公司向激励对象授予限制性股票时所确定的、激励对象获得上市公司股份的价格。

本办法所称的"超过"、"少于"不含本数。

第五十二条 本办法适用于股票在上海、深圳证券交易所上市的公司。

第五十三条 本办法自 2006 年 1 月 1 日起施行。

国有控股上市公司（境外）实施股权激励试行办法

第一章 总 则

第一条 为指导国有控股上市公司（境外）依法实施股权激励，建立中长期激励机制，根据《中华人民共和国公司法》、《企业国有资产监督管理暂行条例》等法律、行政法规，制定本办法。

第二条 本办法适用于中央非金融企业改制重组境外上市的国有控股上市公司（以下简称上市公司）。

第三条 本办法所称股权激励主要指股票期权、股票增值权等股权激励方式。

股票期权是指上市公司授予激励对象在未来一定期限内以预先确定的价格和条件购买本公司一定数量股票的权利。股票期权原则上适用于境外注册、国有控股的境外上市公司。股权激励对象有权行使该项权利，也有权放弃该项权利。股票期权不得转让和用于担保、偿还债务等。

股票增值权是指上市公司授予激励对象在一定的时期和条件下，获得规定数量的股票价格上升所带来的收益的权利。股票增值权主要适用于发行境外上市外资股的公司。股权激励对象不拥有这些股票的所有权，也不拥有股东表决权、配股权。股票增值权不能转让和用于担保、偿还债务等。

上市公司还可根据本行业和企业特点，借鉴国际通行做法，探索实行其他中长期激励方式，如限制性股票、业绩股票等。

第四条 实施股权激励应具备以下条件：

（一）公司治理结构规范，股东会、董事会、监事会、经理层各负其责，协调运转，有效制衡。董事会中有 3 名以上独立董事并能有效履行职责；

（二）公司发展战略目标和实施计划明确，持续发展能力良好；

（三）公司业绩考核体系健全、基础管理制度规范，进行了劳动、用工、薪酬制度改革。

第五条 实施股权激励应遵循以下原则：

（一）坚持股东利益、公司利益和管理层利益相一致，有利于促进国有资本保值增值和上市公司的可持续发展；

（二）坚持激励与约束相结合，风险与收益相对称，适度强化对管理层的激励力度；

（三）坚持依法规范，公开透明，遵循境内外相关法律法规和境外上市地上市规则要求；

（四）坚持从实际出发，循序渐进，逐步完善。

第二章 股权激励计划的拟订

第六条 股权激励计划应包括激励方式、激励对象、授予数量、行权价格及行权价格的确定方式、行权期限等内容。

第七条 股权激励对象原则上限于上市公司董事、高级管理人员(以下简称高管人员)以及对上市公司整体业绩和持续发展有直接影响的核心技术人才和管理骨干，股权激励的重点是上市公司的高管人员。

本办法所称上市公司董事包括执行董事、非执行董事。独立非执行董事不参与上市公司股权激励计划。

本办法所称上市公司高管人员是指对公司决策、经营、管理负有领导职责的人员，包括总经理、副总经理、公司财务负责人(包括其他履行上述职责的人员)、董事会秘书和公司章程规定的其他人员。

上市公司核心技术人才、管理骨干由公司董事会根据其对上市公司发展的重要性和贡献等情况确定。高新技术企业可结合行业特点和高科技人才构成情况界定核心技术人才的激励范围，但须就确定依据、授予范围及数量等情况作出说明。

在股权授予日,任何持有上市公司5%以上有表决权的股份的人员,未经股东大会批准,不得参加股权激励计划。

第八条 上市公司母公司(控股公司)负责人在上市公司任职的,可参与股权激励计划,但只能参与一家上市公司的股权激励计划。

第九条 在股权激励计划有效期内授予的股权总量,应结合上市公司股本规模和股权激励对象的范围、薪酬结构及中长期激励预期收益水平合理确定。

(一)在股权激励计划有效期内授予的股权总量累计不得超过公司股本总额的10%。

(二)首次股权授予数量应控制在上市公司股本总额的1%以内。

第十条 在股权激励计划有效期内任何12个月期间授予任一人员的股权(包括已行使的和未行使的股权)超过上市公司发行总股本1%的,上市公司不再授予其股权。

第十一条 授予高管人员的股权数量按下列办法确定:

(一)在股权激励计划有效期内,高管人员预期股权激励收益水平原则上应控制在其薪酬总水平的40%以内。高管人员薪酬总水平应根据本公司业绩考核与薪酬管理办法,并参考境内外同类人员薪酬市场价位、本公司员工平均收入水平等因素综合确定。各高管人员薪酬总水平和预期股权收益占薪酬总水平的比例应根据上市公司岗位分析、岗位测评、岗位职责按岗位序列确定;

(二)按照国际通行的期权定价模型,计算股票期权或股票增值权的公平市场价值,确定每股股权激励预期收益;

(三)按照上述原则和股权授予价格(行权价格),确定高管人员股权授予的数量。

第十二条 股权的授予价格根据公平市场价原则,按境外上市规则及本办法的有关规定确定。

上市公司首次公开发行上市时实施股权激励计划的,其股权的授予价格按上市公司首次公开发行上市满30个交易日以后,依据境外上市规则规定的公平市场价格确定。

上市公司上市后实施的股权激励计划,其股权的授予价格不得低于授予日的收盘价或前5个交易日的平均收盘价,并不再予以折扣。

第十三条　上市公司因发行新股、转增股本、合并、分立等原因导致总股本发生变动或其他原因需要调整行权价格或股权授予数量的,可以按照股权激励计划规定的原则和方式进行调整,但应由公司董事会做出决议并经公司股东大会审议批准。

第十四条　股权激励计划有效期一般不超过10年,自股东大会通过股权激励计划之日起计算。

第十五条　在股权激励计划有效期内,每一次股权激励计划的授予间隔期应在一个完整的会计年度以上,原则上每两年授予一次。

第十六条　行权限制期为股权授予日至股权生效日的期限。股权限制期原则上定为两年,在限制期内不得行权。

第十七条　行权有效期为股权限制期满后至股权终止日的时间,由上市公司根据实际情况确定,原则上不得低于3年。在行权有效期内原则上采取匀速分批行权办法,或按照符合境外上市规则要求的办法行权。超过行权有效期的,其权利自动失效,并不可追溯行使。

第十八条　上市公司不得在董事会讨论审批或公告公司年度、半年度、季度业绩报告等影响股票价格的敏感事项发生时授予股权或行权。

第三章　股权激励计划的审核

第十九条　国有控股股东代表在股东大会审议批准上市公司拟实施的股权激励计划之前,应将拟实施的股权激励计划及管理办法报履行国有资产出资人职责的机构或部门审核,并根据其审核意见在股东大会行使表决权。

第二十条 国有控股股东代表申报的股权激励计划报告应包括以下内容:

(一)上市公司的简要情况;

(二)上市公司股权激励计划方案和股权激励管理办法。主要应载明以下内容:股权授予的人员范围、授予数量、授予价格和行权时间的确定、权利的变更及丧失,以及股权激励计划的管理、监督等;选择的期权定价模型及股票期权或股票增值权预期收益的测算等情况的说明。

(三)上市公司绩效考核评价制度和股权激励计划实施的说明。绩效考核评价制度应当包括岗位职责核定、绩效考核评价指标和标准、年度及任期绩效责任目标、考核评价程序等内容。

(四)上市公司实施股权激励计划的组织领导和工作方案。

第二十一条 上市公司按批准的股权激励计划实施的分期股权授予方案,国有控股股东代表应当报履行国有资产出资人职责的机构或部门备案。其中因实施股权激励计划而增发股票及调整股权授予范围、超出首次股权授予规模等,应按本办法规定履行相应申报程序。

第二十二条 上市公司终止股权激励计划并实施新计划,国有控股股东代表应按照本办法规定重新履行申报程序。原股权激励计划终止后,不得根据已终止的计划再授予股权。

第四章 股权激励计划的管理

第二十三条 国有控股股东代表应要求和督促上市公司制定严格的股权激励管理办法,建立规范的绩效考核评价制度;按照上市公司股权激励管理办法和绩效考核评价办法确定对高管人员股权的授予和行权;对已经授予的股权数量在行权时可根据年度业绩考核情况进行动态调整。

第二十四条 股权激励对象应承担行权时所发生的费用,并依法纳税。上市公司不得对股权激励对象行权提供任何财务资助。

第二十五条 股权激励对象因辞职、调动、被解雇、退休、死亡、丧失行为能力等原因终止服务时,其股权的行使应作相应调整,采取行权加速、终止等处理方式。

第二十六条 参与上市公司股权激励计划的上市公司母公司(控股公司)的负责人,其股权激励计划的实施应符合《中央企业负责人经营业绩考核暂行办法》(国资委令第2号)的有关规定。上市公司或其母公司(控股公司)为中央金融企业的,企业负责人股权激励计划的实施应符合财政部有关国有金融企业绩效考核的规定。

第二十七条 上市公司高管人员的股票期权应保留一定比例在任职期满后根据任期考核结果行权,任职(或任期)期满后的行权比例不得低于授权总量的20%;对授予的股票增值权,其行权所获得的现金收益需进入上市公司为股权激励对象开设的账户,账户中的现金收益应有不低于20%的部分至任职(或任期)期满考核合格后方可提取。

第二十八条 有以下情形之一的,当年年度可行权部分应予取消:

(一)上市公司年度绩效考核达不到股权激励计划规定的业绩考核标准的;

(二)年度财务报告被注册会计师出具否定意见或无法表示意见的;

(三)监事会或审计部门对上市公司业绩或年度财务报告提出重大异议的。

第二十九条 股权激励对象有以下情形之一的,应取消其行权资格:

(一)严重失职、渎职的;

(二)违反国家有关法律法规、上市公司章程规定的;

(三)上市公司有足够的证据证明股权持有者在任职期间,由于受贿索贿、贪污盗窃、泄露上市公司经营和技术秘密、实施关联交易损害上市公司利益、声誉和对上市公司形象有重大负面影响的行为,给上市公司造成损失的。

第三十条 国有控股股东代表应要求和督促上市公司在实施股权激励计划的财务、会计处理及其税收等方面严格执行境内外有关法律法规、财务制度、会计准则、税务制度和上市规则。

第三十一条 国有控股股东代表应将下列事项在上市公司年度报告披露后10日内报履行国有资产出资人职责的机构或部门备案:

(一)公司股权激励计划的授予和行使情况;

(二)公司董事、高管人员持有股权的数量、期限、本年度已经行权和未行权的情况及其所持股权数量与期初所持数量的对比情况;

(三)公司实施股权激励绩效考核情况及实施股权激励对公司费用及利润的影响情况等。

第五章 附则

第三十二条 中央金融企业、地方国有或国有控股企业改制重组境外上市的公司比照本办法执行。

第三十三条 原经批准已实施股权激励计划的上市公司,在按原计划分期实施或拟订新计划时应按照本办法的规定执行。

第三十四条 本办法自2006年3月1日起施行。

国有控股上市公司(境内)实施股权激励试行办法

第一章 总 则

第一条 为指导国有控股上市公司(境内)规范实施股权激励制度,建立健全激励与约束相结合的中长期激励机制,进一步完善公司法人治理结构,依据《中华人民共和国公司法》、《中华人民共和国证券法》《企业国有资产监督管理暂行条例》等有关法律、行政法规的规定,制定本办法。

第二条 本办法适用于股票在中华人民共和国境内上市的国有控股上市公司(以下简称上市公司)。

第三条 本办法主要用于指导上市公司国有控股股东依法履行相关职责,按本办法要求申报上市公司股权激励计划,并按履行国有资产出资人职责的机构或部门意见,审议表决上市公司股权激励计划。

第四条 本办法所称股权激励,主要是指上市公司以本公司股票为标的,对公司高级管理等人员实施的中长期激励。

第五条 实施股权激励的上市公司应具备以下条件：

(一)公司治理结构规范,股东会、董事会、经理层组织健全,职责明确。外部董事(含独立董事,下同)占董事会成员半数以上；

(二)薪酬委员会由外部董事构成,且薪酬委员会制度健全,议事规则完善,运行规范；

(三)内部控制制度和绩效考核体系健全,基础管理制度规范,建立了符合市场经济和现代企业制度要求的劳动用工、薪酬福利制度及绩效考核体系；

(四)发展战略明确,资产质量和财务状况良好,经营业绩稳健；近三年无财务违法违规行为和不良记录；

(五)证券监管部门规定的其他条件。

第六条 实施股权激励应遵循以下原则：

(一)坚持激励与约束相结合,风险与收益相对称,强化对上市公司管理层的激励力度；

(二)坚持股东利益、公司利益和管理层利益相一致,有利于促进国有资本保值增值,有利于维护中小股东利益,有利于上市公司的可持续发展；

(三)坚持依法规范,公开透明,遵循相关法律法规和公司章程规定；

（四）坚持从实际出发，审慎起步，循序渐进，不断完善。

第二章 股权激励计划的拟订

第七条 股权激励计划应包括股权激励方式、激励对象、激励条件、授予数量、授予价格及其确定的方式、行权时间限制或解锁期限等主要内容。

第八条 股权激励的方式包括股票期权、限制性股票以及法律、行政法规允许的其他方式。上市公司应以期权激励机制为导向，根据实施股权激励的目的，结合本行业及本公司的特点确定股权激励的方式。

第九条 实施股权激励计划所需标的股票来源，可以根据本公司实际情况，通过向激励对象发行股份、回购本公司股份及法律、行政法规允许的其他方式确定，不得由单一国有股股东支付或擅自无偿量化国有股权。

第十条 实施股权激励计划应当以绩效考核指标完成情况为条件，建立健全绩效考核体系和考核办法。绩效考核目标应由股东大会确定。

第十一条 股权激励对象原则上限于上市公司董事、高级管理人员以及对上市公司整体业绩和持续发展有直接影响的核心技术人员和管理骨干。

上市公司监事、独立董事以及由上市公司控股公司以外的人员担任的外部董事，暂不纳入股权激励计划。

证券监管部门规定的不得成为激励对象的人员，不得参与股权激励计划。

第十二条 实施股权激励的核心技术人员和管理骨干，应根据上市公司发展的需要及各类人员的岗位职责、绩效考核等相关情况综合确定，并须在股权激励计划中就确定依据、激励条件、授予范围及数量等情况作出说明。

第十三条 上市公司母公司(控股公司)的负责人在上市公司

担任职务的,可参加股权激励计划,但只能参与一家上市公司的股权激励计划。

在股权授予日,任何持有上市公司5%以上有表决权的股份的人员,未经股东大会批准,不得参加股权激励计划。

第十四条 在股权激励计划有效期内授予的股权总量,应结合上市公司股本规模的大小和股权激励对象的范围、股权激励水平等因素,在0.1%–10%之间合理确定。但上市公司全部有效的股权激励计划所涉及的标的股票总数累计不得超过公司股本总额的10%。

上市公司首次实施股权激励计划授予的股权数量原则上应控制在上市公司股本总额的1%以内。

第十五条 上市公司任何一名激励对象通过全部有效的股权激励计划获授的本公司股权,累计不得超过公司股本总额的1%,经股东大会特别决议批准的除外。

第十六条 授予高级管理人员的股权数量按下列办法确定:

(一)在股权激励计划有效期内,高级管理人员个人股权激励预期收益水平,应控制在其薪酬总水平(含预期的期权或股权收益)的30%以内。高级管理人员薪酬总水平应参照国有资产监督管理机构或部门的原则规定,依据上市公司绩效考核与薪酬管理办法确定。

(二)参照国际通行的期权定价模型或股票公平市场价,科学合理测算股票期权的预期价值或限制性股票的预期收益。

按照上述办法预测的股权激励收益和股权授予价格(行权价格),确定高级管理人员股权授予数量。

第十七条 授予董事、核心技术人员和管理骨干的股权数量比照高级管理人员的办法确定。各激励对象薪酬总水平和预期股权激励收益占薪酬总水平的比例应根据上市公司岗位分析、岗位测评和岗位职责按岗位序列确定。

第十八条 根据公平市场价原则,确定股权的授予价格(行权价格)。

(一)上市公司股权的授予价格应不低于下列价格较高者:

1. 股权激励计划草案摘要公布前一个交易日的公司标的股票收盘价;

2. 股权激励计划草案摘要公布前30个交易日内的公司标的股票平均收盘价。

(二)上市公司首次公开发行股票时拟实施的股权激励计划,其股权的授予价格在上市公司首次公开发行上市满30个交易日以后,依据上述原则规定的市场价格确定。

第十九条 股权激励计划的有效期自股东大会通过之日起计算,一般不超过10年。股权激励计划有效期满,上市公司不得依据此计划再授予任何股权。

第二十条 在股权激励计划有效期内,应采取分次实施的方式,每期股权授予方案的间隔期应在一个完整的会计年度以上。

第二十一条 在股权激励计划有效期内,每期授予的股票期权,均应设置行权限制期和行权有效期,并按设定的时间表分批行权:

(一)行权限制期为股权自授予日(授权日)至股权生效日(可行权日)止的期限。行权限制期原则上不得少于2年,在限制期内不可以行权。

(二)行权有效期为股权生效日至股权失效日止的期限,由上市公司根据实际确定,但不得低于3年。在行权有效期内原则上采取匀速分批行权办法。超过行权有效期的,其权利自动失效,并不可追溯行使。

第二十二条 在股权激励计划有效期内,每期授予的限制性股票,其禁售期不得低于2年。禁售期满,根据股权激励计划和业绩目标完成情况确定激励对象可解锁(转让、出售)的股票数量。解锁期不得低于3年,在解锁期内原则上采取匀速解锁办法。

第二十三条 高级管理人员转让、出售其通过股权激励计划所得的股票,应符合有关法律、行政法规的相关规定。

第二十四条 在董事会讨论审批或公告公司定期业绩报告等影响股票价格的敏感事项发生时不得授予股权或行权。

第三章 股权激励计划的申报

第二十五条 上市公司国有控股股东在股东大会审议批准股权激励计划之前,应将上市公司拟实施的股权激励计划报履行国有资产出资人职责的机构或部门审核(控股股东为集团公司的由集团公司申报),经审核同意后提请股东大会审议。

第二十六条 国有控股股东申报的股权激励报告应包括以下内容:

(一)上市公司简要情况,包括公司薪酬管理制度、薪酬水平等情况;

(二)股权激励计划和股权激励管理办法等应由股东大会审议的事项及其相关说明;

(三)选择的期权定价模型及股票期权的公平市场价值的测算、限制性股票的预期收益等情况的说明;

(四)上市公司绩效考核评价制度及发展战略和实施计划的说明等。绩效考核评价制度应当包括岗位职责核定、绩效考核评价指标和标准、年度及任期绩效考核目标、考核评价程序以及根据绩效考核评价办法对高管人员股权的授予和行权的相关规定。

第二十七条 国有控股股东应将上市公司按股权激励计划实施的分期股权激励方案,事前报履行国有资产出资人职责的机构或部门备案。

第二十八条 国有控股股东在下列情况下应按本办法规定重新履行申报审核程序:

(一)上市公司终止股权激励计划并实施新计划或变更股权激励计划相关事项的;

(二)上市公司因发行新股、转增股本、合并、分立、回购等原因导致总股本发生变动或其他原因需要调整股权激励对象范围、授予数量等股权激励计划主要内容的。

第二十九条　股权激励计划应就公司控制权变更、合并、分立，以及激励对象辞职、调动、被解雇、退休、死亡、丧失民事行为能力等事项发生时的股权处理依法作出行权加速、终止等相应规定。

第四章　股权激励计划的考核、管理

第三十条　国有控股股东应依法行使股东权利，要求和督促上市公司制定严格的股权激励管理办法，并建立与之相适应的绩效考核评价制度，以绩效考核指标完成情况为基础对股权激励计划实施动态管理。

第三十一条　按照上市公司股权激励管理办法和绩效考核评价办法确定对激励对象股权的授予、行权或解锁。

对已经授予的股票期权，在行权时可根据年度绩效考核情况进行动态调整。

对已经授予的限制性股票，在解锁时可根据年度绩效考核情况确定可解锁的股票数量，在设定的解锁期内未能解锁，上市公司应收回或以激励对象购买时的价格回购已授予的限制性股票。

第三十二条　参与上市公司股权激励计划的上市公司母公司（控股公司）的负责人，其股权激励计划的实施应符合《中央企业负责人经营业绩考核暂行办法》或相应国有资产监管机构或部门的有关规定。

第三十三条　授予董事、高级管理人员的股权，应根据任期考核或经济责任审计结果行权或兑现。授予的股票期权，应有不低于授予总量的20%留至任职（或任期）考核合格后行权；授予的限制性股票，应将不低于20%的部分锁定至任职（或任期）期满后兑现。

第三十四条　国有控股股东应依法行使股东权利，要求上市公司在发生以下情形之一时，中止实施股权激励计划，自发生之日起一年内不得向激励对象授予新的股权，激励对象也不得根据股权激励计划行使权利或获得收益：

（一）企业年度绩效考核达不到股权激励计划规定的绩效考核标准；

（二）国有资产监督管理机构或部门、监事会或审计部门对上市公司业绩或年度财务会计报告提出重大异议；

（三）发生重大违规行为，受到证券监管及其他有关部门处罚。

第三十五条 股权激励对象有以下情形之一的，上市公司国有控股股东应依法行使股东权利，提出终止授予新的股权并取消其行权资格：

（一）违反国家有关法律法规、上市公司章程规定的；

（二）任职期间，由于受贿索贿、贪污盗窃、泄露上市公司经营和技术秘密、实施关联交易损害上市公司利益、声誉和对上市公司形象有重大负面影响等违法违纪行为，给上市公司造成损失的。

第三十六条 实施股权激励计划的财务、会计处理及其税收等问题，按国家有关法律、行政法规、财务制度、会计准则、税务制度规定执行。

上市公司不得为激励对象按照股权激励计划获取有关权益提供贷款以及其他任何形式的财务资助，包括为其贷款提供担保。

第三十七条 国有控股股东应按照有关规定和本办法的要求，督促和要求上市公司严格履行信息披露义务，及时披露股权激励计划及董事、高级管理人员薪酬管理等相关信息。

第三十八条 国有控股股东应在上市公司年度报告披露后5个工作日内将以下情况报履行国有资产出资人职责的机构或部门备案：

（一）公司股权激励计划的授予、行权或解锁等情况；

（二）公司董事、高级管理等人员持有股权的数量、期限、本年度已经行权（或解锁）和未行权（或解锁）的情况及其所持股权数量与期初所持数量的变动情况；

（三）公司实施股权激励绩效考核情况、实施股权激励对公司费用及利润的影响等。

第五章 附 则

第三十九条 上市公司股权激励的实施程序和信息披露、监管和处罚应符合中国证监会《上市公司股权激励管理办法》(试行)的有关规定。上市公司股权激励计划应经履行国有资产出资人职责的机构或部门审核同意后,报中国证监会备案以及在相关机构办理信息披露、登记结算等事宜。

第四十条 本办法下列用语的含义:

(一)国有控股上市公司,是指政府或国有企业(单位)拥有50%以上股本,以及持有股份的比例虽然不足50%,但拥有实际控制权或依其持有的股份已足以对股东大会的决议产生重大影响的上市公司。

其中控制权,是指根据公司章程或协议,能够控制企业的财务和经营决策。

(二)股票期权,是指上市公司授予激励对象在未来一定期限内以预先确定的价格和条件购买本公司一定数量股票的权利。激励对象有权行使这种权利,也有权放弃这种权利,但不得用于转让、质押或者偿还债务。

(三)限制性股票,是指上市公司按照预先确定的条件授予激励对象一定数量的本公司股票,激励对象只有在工作年限或业绩目标符合股权激励计划规定条件的,才可出售限制性股票并从中获益。

(四)高级管理人员,是指对公司决策、经营、管理负有领导职责的人员,包括经理、副经理、财务负责人(或其他履行上述职责的人员)、董事会秘书和公司章程规定的其他人员。

(五)外部董事,是指由国有控股股东依法提名推荐、由任职公司或控股公司以外的人员(非本公司或控股公司员工的外部人员)担任的董事。对主体业务全部或大部分进入上市公司的企业,其外部董事应为任职公司或控股公司以外的人员;对非主业部分进入上市公司或只有一部分主业进入上市公司的子公司,以及二级以下的上市公司,其外部董事应为任职公司以外的人员。

外部董事不在公司担任除董事和董事会专门委员会有关职务外的其他职务,不负责执行层的事务,与其担任董事的公司不存在可能影响其公正履行外部董事职务的关系。

外部董事含独立董事。独立董事是指与所受聘的公司及其主要股东没有任何经济上的利益关系且不在上市公司担任除独立董事外的其他任何职务。

(六)股权激励预期收益,是指实行股票期权的预期收益为股票期权的预期价值,单位期权的预期价值参照国际通行的期权定价模型进行测算;实行限制性股票的预期收益为获授的限制性股票的价值,单位限制性股票的价值为其授予价格扣除激励对象的购买价格。

第四十一条 本办法自印发之日起施行。